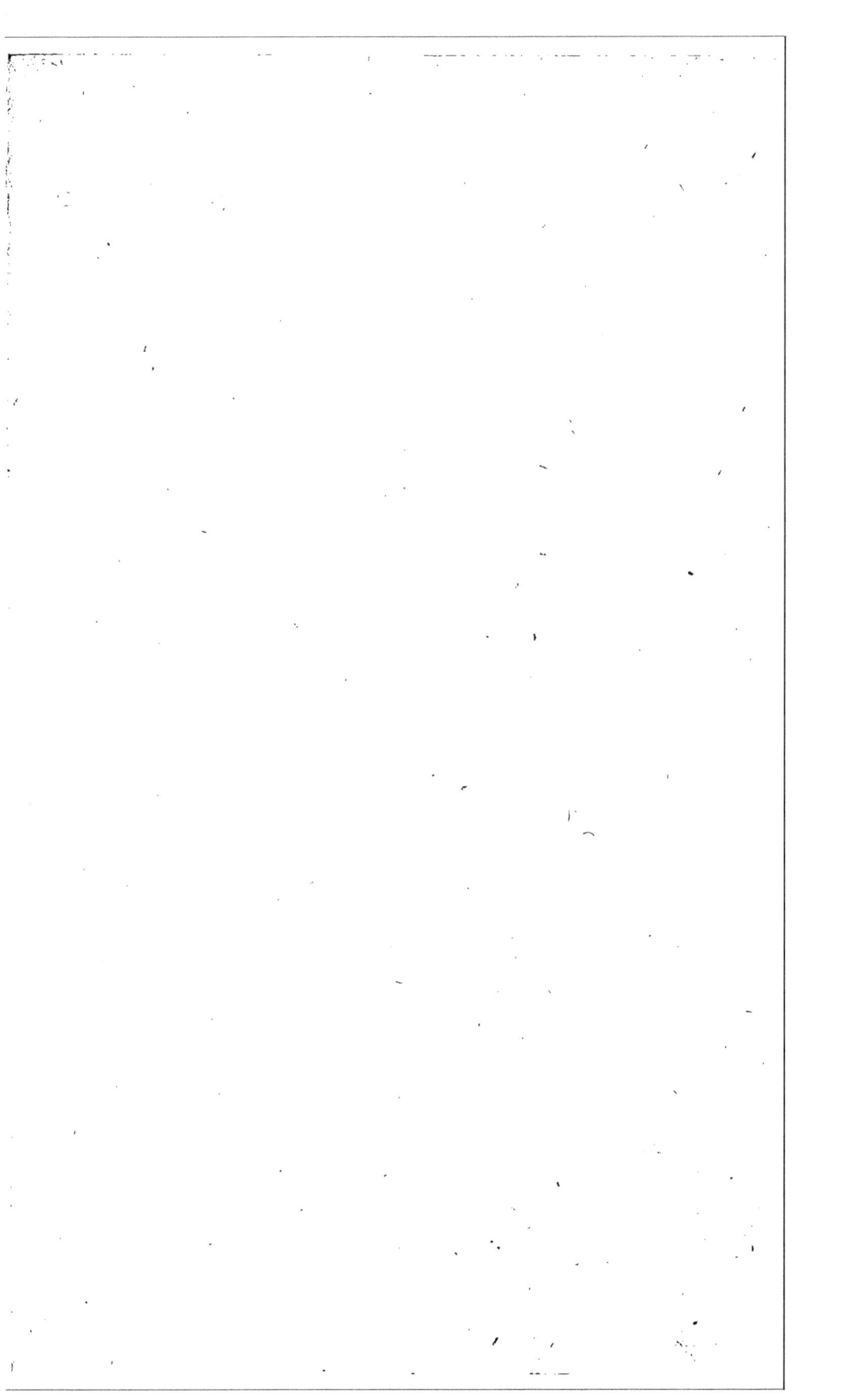

TABLEAU

HISTORIQUE ET PITTORESQUE

DE LA

Grande-Chartreuse

ET

DE SES ALENTOURS.

Par un Religieux du Monastère.

O beata solitudo !.....
O sola beatitudo !..... (S. BERNARD.)

Grenoble,

CHEZ BARATIER FRÈRES ET FILS, LIBRAIRES,

IMPRIMEURS DE L'ÉVÊCHÉ, GRAND'RUE, N° 3.

—

1837.

IMPRIMERIE DE C.-P. BARATIER.

St Bruno.

Lith. de Baruffier frères et fils

TABLEAU

HISTORIQUE ET PITTORESQUE

DE LA

Grande-Chartreuse

ET

DE SES ALENTOURS.

Observations préliminaires.

Une douce expérience nous fait goûter chaque jour la vérité des paroles de l'Esprit-Saint
qui promet de parler au cœur de celui qui se
plaît dans la solitude; et il est peu de voya-
geurs qui parcourent ces déserts sanctifiés par
la piété de nos Pères, sans retirer quelques
fruits de leurs excursions, lors même qu'une

innocente curiosité aurait seule présidé à cette sorte de pèlerinage. Mais n'est-il pas permis de croire qu'avec des vues tant soit peu religieuses, ces sortes de courses dans nos montagnes seraient en même temps et plus agréables et plus utiles, si elles étaient faites avec des connaissances plus détaillées et plus précises de tout ce qui nous environne? C'est de l'intime persuasion où nous sommes à cet égard, que nous est enfin venue la détermination de mettre au jour une nouvelle description de notre monastère, et de ce qui s'y rattache de plus près. Depuis longtemps des amis sincères nous sollicitaient d'entreprendre un travail qu'ils assuraient devoir être extrêmement goûté par MM. les étrangers qui visitent notre solitude, et par ceux aussi qui, ne pouvant se procurer cette consolation, sont bien aises toutefois d'avoir entre les mains un moyen de se former une juste idée de ce qui nous concerne. A ces motifs, on ajoutait encore qu'à la vérité on rencontre çà et là diver-

ses productions relatives à la Grande-Chartreuse ; mais que les unes laissent beaucoup
à désirer pour l'exactitude des détails, tandis
que les autres sont dépourvues de ces docu-
ments, en quelque sorte pièces de famille,
qui attachent le lecteur ; et que pour réunir
ces deux qualités essentielles, l'ouvrage ne
pouvait guère sortir que de la Grande-Chartreuse elle-même.

Animés par le consolant espoir que nos efforts pourraient être de quelque utilité, nous
avons tâché de donner à ce tableau simple et
sans art, mais fidèle et exact de la retraite que
saint Bruno nous a choisie, tous les soins qui
dépendaient de nous. Dans cette vue, et pour
en bannir la sécheresse que nous n'aurions pu
éviter, si nous nous étions bornés à des des-
criptions purement locales, nous y avons
ajouté tout ce qui pouvait directement ou
indirectement se lier au sujet, y répandre de
la variété, et le rendre plus intéressant. Nous
avons mis pour cela à contribution la plupart

des auteurs qui ont écrit sur cette matière,
et sans chercher à faire valoir ce qui est de
notre fond, nous avouons avec franchise que
nous n'avons pas eu la prétention de dire des
choses neuves : trop heureux si nous réus-
sissons à former de ce qui a été dit un recueil
agréable et utile. Telle est, bien certainement, notre intention; et *puisqu'il n'est pas
possible*, comme le disait à Mme de Chantal le
saint Evêque de Genève, *d'être heureux en ce
monde, si l'on ne contribue de tout son pouvoir au bonheur de ses semblables*, personne
ne saurait être surpris que du fond de nos
paisibles retraites nous nous saisissions avec
zèle de ce qui paraît devoir y contribuer.

La seule inspection de la Table des matières
suffira pour faire connaître d'avance si nous
avons atteint d'assez près le terme auquel nous
avions le dessein d'amener nos lecteurs; eux
seuls pourront nous faire connaître si cette variété de points de vue, nés pour satisfaire une
louable curiosité, a été présentée sous cet as-

pect qui devait les rendre effectivement et
édifiants et curieux. Sachant bien que le tableau projeté devait être visité par des personnes de toutes les classes de la société, nous
avons dû nuancer les grands et principaux
traits par des détails que tous puissent saisir
et sur lesquels tout le monde se repose volontiers.

Au surplus, nos lecteurs daigneront se souvenir que nous vivons loin du monde. Nous
avons oublié en partie ses manières, ses allu-
res, son langage. La prière et le chant des
hymnes sacrés nous occupent beaucoup plus
que la littérature. On sera donc assez indul-
gent pour fermer les yeux sur les défauts de
notre ouvrage; assez sage pour profiter de ce
qu'il renferme d'intéressant; et notre bonne
volonté fera plus en notre faveur que les re-
commandations les plus solennelles.

N. B. Après l'aveu que nous avons fait d'a-
voir extrait de différents auteurs ce qui pa-

raissait nous convenir, il est juste que nous leur fassions hommage de ce qui leur appartient, et c'est surtout à l'égard de ceux qui sont encore vivants que nous nous acquittons de ce devoir avec bien de la reconnaissance.

SAINT BRUNO,

FONDATEUR

DE L'ORDRE DES CHARTREUX.

Notice Historique et Biographique.

Il était en quelque sorte indispensable de placer à la tête d'un ouvrage comme celui-ci un abrégé de la vie du saint personnage qui a été le fondateur de l'Ordre des Chartreux. Ce qu'on en lira dans cet extrait a été puisé dans les monuments les plus authentiques. Un grand nombre de personnes et en des lieux très-éloignés ont entendu parler de la Grande-Chartreuse : il fallait donc avant tout faire connaître celui qui posa sur une montagne si élevée les premiers fondements d'un monastère qui depuis a servi d'asile à une multitude de généreux solitaires. En suivant cette marche, nous offrirons à la piété, dès l'entrée de ce recueil, un sujet d'édification où elle pourra contempler des traits de toutes les vertus, et un modèle de la perfection la plus sublime. Ce sera en même temps comme une introduction aux connaissances qu'il est indispensable d'avoir pour goûter l'étude des fameux tableaux sortis du pinceau de Le Sueur, et connu sous le nom de *Vie* ou *Galerie de Saint Bruno;* ces chefs-d'œuvre de l'art seraient comme autant d'énigmes pour ceux qui n'auraient aucune notion des principaux traits de l'histoire de notre Saint.

Nous n'avons pas besoin de dire que ces belles productions du génie d'un des plus grands peintres dont s'honore la France, ornaient autrefois le petit cloître de la Chartreuse de Paris; ils furent depuis exposés au salon du Luxembourg, et un peu plus tard au Musée royal, où ils sont aujourd'hui et attirent une foule d'admirateurs. Ce fut en 1776 que Dom Hilarion Robinet, alors prieur de cette Chartreuse, et depuis général de l'Ordre, en fit hommage à Louis XVI. La Grande-Chartreuse en possède une copie dont nous parlerons avec une certaine étendue à l'article du Monastère. Venons maintenant à la vie de Saint Bruno.

Issu d'une famille vertueuse, noble et ancienne, Bruno naquit à Cologne vers l'année
1035. Il semblait que la grâce se fût emparée
de son cœur au sortir du berceau. Dès ses
plus jeunes ans, rien ne parut en lui se res-
sentir des défauts et des faiblesses de l'enfance; on y remarquait au contraire les plus
grandes dispositions à la piété. L'âge ne servit
qu'à les développer; elles se perfectionnèrent
de plus en plus, sans se démentir jamais, et
ce fut sans doute ce qui porta Saint Annon,
son archevêque, à lui donner un canonicat
dans son église, malgré sa grande jeunesse.
Son émulation dans l'étude des sciences ne le
céda en aucune manière à son zèle pour l'ac-
quisition des vertus, et ses progrès à cet égard
ne furent pas moins sensibles. Doué d'un naturel heureux, d'un esprit vif et pénétrant,
d'une mémoire prodigieuse et d'un jugement
solide, il étonna ses premiers maîtres qui pré-
sagèrent dès lors la célébrité qu'il devait in-
failliblement s'acquérir un jour.

Au milieu de ces divers travaux si confor-
mes à son génie et à la sublime vocation de
ministre de J. C. dont il comptait bien remplir avec générosité tous les devoirs, Bruno

ne voulait pas se contenter d'un savoir ordinaire. Reims, ville des plus anciennes et des plus célèbres de notre France, était surtout fameuse en ces temps-là par la haute réputation dont jouissait son école. Ce fut dans ce sanctuaire des lettres que notre Saint, quittant sa famille et sa patrie, alla continuer ses études, et il y parcourut avec un succès extraordinaire la carrière de toutes les sciences qu'on y enseignait. Il fut bon poète pour son temps; mais il excella de telle sorte dans la philosophie et la théologie, que ses maîtres et ses condisciples, comme de concert, ne pouvaient s'empêcher d'applaudir à des talents supérieurs que venaient encore rehausser et ennoblir l'innocence de ses mœurs, sa modestie, son humilité, sa douceur, et les profonds sentiments de piété qui caractérisaient sa belle âme.

De retour à Cologne, après avoir terminé glorieusement le cours de ses études, Bruno entra dans les ordres sacrés; et ce fut au milieu des grandes pensées que la grâce faisait naître en lui, tandis qu'il se préparait à recevoir l'onction sacerdotale, qu'il sentit son cœur s'embraser du zèle de la gloire de Dieu

et du salut des âmes. Peu jaloux de la réputation d'homme érudit et de prédicateur habile, il parcourut les villages, les bourgs et
autres lieux de diverses provinces, prêchant
avec simplicité, mais avec force et onction,
instruisant les peuples, les invitant à la pénitence et opérant partout des fruits abondants
de conversion, de sanctification et de salut.

La ville de Reims devint aussi dans ces
circonstances le théâtre de son zèle et de ses
travaux apostoliques. Gervais, qui en était
alors archevêque, n'avait pas oublié les succès brillants du serviteur de Dieu pendant le
cours de ses études. Il jugea l'occasion favorable pour faire tourner à l'avantage de son
Eglise un mérite et des talents qui s'étaient
annoncés dès lors avec tant de supériorité; il
fit venir Bruno, le reçut avec honneur et distinction, et lui communiqua les vues qu'il
avait sur lui. Notre Saint, qui ne se décidait
jamais sans avoir auparavant consulté le Seigneur, crut devoir accepter la proposition du
respectable prélat, dans l'espérance du grand
bien qu'il y avait à faire pour la gloire de
Dieu et l'utilité de l'Eglise. Ce ne fut cependant pas sans éprouver quelque sentiment de

crainte, sa modestie et son humilité lui fer-
mant les yeux sur les dons qu'il avait reçus
de la nature, et que l'esprit de grâce dont il
était animé rendait encore plus précieux.
Placé, selon les pieux desseins du digne archevêque, à la tête de l'éducation des jeunes
clercs, il devint successivement Chanoine, Théo-
logal, Chancelier, Recteur ou Modérateur des
grandes études de la ville, et Inspecteur de
toutes celles du diocèse. Il justifia par sa pru-
dence et son savoir le choix qu'on avait fait
de lui : ses leçons avaient principalement pour
objet de conduire à Dieu, de faire connaître
et respecter sa Loi, et de la graver profondément dans les cœurs. Plusieurs de ses élèves
parvenus dans la suite aux premières dignités
de l'Eglise, se glorifiaient de l'avoir eu pour
maître; ils ne parlaient de lui qu'avec de grands
éloges, et portèrent sa réputation dans des
pays fort éloignés : aussi le regardait-on partout comme la lumière des Eglises, le plus
savant des docteurs, la gloire de la France et
de l'Allemagne, l'ornement de son siècle et le
modèle des gens de bien.

Cependant les dignités et les honneurs ac-
cumulés sur sa tête, l'éclat de sa renommée,

les témoignages d'estime et de vénération que
lui attiraient de toutes parts ses vertus et ses
talents, ne furent pas capables de l'éblouir,
ni de le faire dévier tant soit peu de la plus
exacte justice dans une des épreuves les plus
dangereuses. Reims avait perdu son digne
prélat, et Manassès venait d'usurper ce grand
siége par des voies simoniaques et accompa-
gnées d'une multitude d'iniquités. Connais-
sant assez la droiture de Bruno pour ne point
espérer de le maîtriser par la crainte, l'intrus
s'efforça de le séduire par des faveurs et la
bienveillance; mais notre Saint devina sans
peine les véritables et indignes dispositions de
cet homme. Cependant sachant unir la pru-
dence à la force chrétienne, il lui représenta
d'abord, avec une sainte liberté, combien sa
conduite était odieuse à Dieu et aux hommes,
et quelles malédictions il se préparait. Mais
autant le cœur de Bruno était à Dieu, autant
celui de Manassès était au monde. Persistant
donc en de si mauvaises prétentions, et sa conduite devenant de jour en jour plus scanda-
leuse, il fut cité par Hugues de Die, légat du
Saint-Siége, au concile qui devait se tenir à
Autun, en septembre 1077. Bruno y vint ac-

compagné de Manassès, prévôt de l'Eglise de
Reims et qui en fut ensuite archevêque, et
de Ponce, autre chanoine de cette Eglise, qui
gémissaient également des désordres de Manassès. Celui-ci n'osa pas se présenter et fut,
en conséquence des accusations graves por-
tées contre lui, suspendu de ses fonctions. La
manière dont ses accusateurs procédèrent dans
cette occasion, leur attira l'estime du légat,
qui en prit occasion de faire leur éloge au
Pape, en lui rendant compte de ce qui s'était
passé au concile. En parlant de Bruno, il le
qualifia très-digne docteur de l'Eglise de
Reims, et ajoute que lui et ses associés mé-
ritent que le Pontife les soutienne par son
autorité, parce qu'ils ont été maltraités pour
le nom de J. C., et qu'ils pourront lui donner conseil et l'aider en France pour la cause
de Dieu.

L'archevêque irrité leur dressa des embû-
ches à leur retour, fit enfoncer leurs maisons,
piller leurs biens, et vendit leurs prébendes.
Contraints alors de se chercher un asile, les
trois chanoines le trouvèrent à Roucy, au
château du comte Hébal ou Ebloc à qui Manassès fit un crime auprès de Grégoire VII de

le leur avoir accordé; et ils y étaient encore
au mois d'août 1078.

Cependant voyant que tout ce qu'on avait
fait pour engager Manassès à rentrer en lui-
même ne produisait rien sur son esprit, Bruno
prit la résolution de quitter le monde pour
n'être plus témoin de ses scandales. Il eut
néanmoins, avant d'exécuter ce projet, la
consolation de voir cesser celui qui l'affligeait
davantage : après trois ans d'usurpation, Manassès fut enfin déposé de son siége et expulsé
de Reims, et ce fut à cette époque que Bruno
et les autres, qui avaient été obligés de se
soustraire à la plus inique vexation, reparu-
rent dans leur Eglise. Le calme rendu à ce
diocèse ne changea rien toutefois aux pieux
desseins de Bruno et de quelques amis inti-
mes qui partageaient ses sentiments. Il s'en-
tretenait souvent avec eux sur la vanité des
biens et des grandeurs de la terre, et leurs
cœurs s'enflammant de plus en plus du désir
des biens célestes, ils firent vœu de tout abandonner pour embrasser la vie monastique, et
ils l'auraient exécuté à l'instant même, si l'un
d'eux, nommé Fulcius, n'eût été obligé de
faire auparavant un voyage à Rome.

2

Mais les pensées d'un grand nombre de personnages distingués parmi le clergé et les habitants de Reims se trouvaient bien opposées à ces vues de solitude qui occupaient notre Saint. Le siége était vacant, on voulut sérieusement l'y élever, et il ne vit d'autre moyen de s'y soustraire que de s'enfuir secrètement de Reims. Il vint alors à Paris, et ce fut dans cette grande ville qu'il songea à s'acquitter, sans différer davantage, du vœu qu'il avait fait, excité intérieurement, à ce que disent plusieurs de ses historiens, par les réflexions que lui suggéra la vue d'un prodige vraiment affreux. Une tradition aussi ancienne que l'Ordre des Chartreux nous autoriserait à le croire, si des autorités respectables en fait de critique ne venaient ici contre-balancer par leur dissidence l'assentiment que nous voudrions lui donner. Mais que nous importe? il ne s'agit ici que d'un fait bien extraordinaire, il est vrai, mais auquel nous ne pouvons donner ou refuser qu'une croyance purement humaine. Personne parmi nous ne prétend nier la possibilité d'un tel fait : la toute-puissance de Dieu s'étend infiniment au delà, et ni la gloire de saint Bruno, ni celle de l'Ordre qu'il a

fondé ne s'appuie sur un événement douteux ;
si nous avons à nous glorifier de quelque
chose, c'est principalement des vertus de notre
saint Fondateur. Nous pouvons donc, sans plus
ample explication, suivre le fil de l'histoire,
sans rester dans des discussions assez inutiles.
Cependant, pour satisfaire à toutes les exigen-
ces et pour mettre le lecteur au courant de
ce qui est devenu le sujet d'une partie considérable des tableaux de Le Sueur, nous allons placer dans une note le récit du fait et
les observations les plus sages que l'on puisse
présenter pour en garantir l'authenticité (*a*).

Ainsi pressé de toutes parts, d'un côté bien
résolu de se soustraire aux dignités ecclésias-

(*a*) Un docteur, que plusieurs historiens disent avoir
été maître de Saint Bruno, et que quelques-uns nomment Raymond Diocres, personnage célèbre par ses
talents, son éloquence et une grande réputation de
piété, mourut à Paris en 1082, époque où saint Bruno
se trouvait en cette ville. Invité à venir prier dans la
chambre du défunt, pour le repos de son âme, notre
Saint et tous ceux qui étaient présents virent (à ce
qu'on dit) le cadavre lever par trois fois la tête hors
du cercueil, disant la première fois : *Je suis accusé par
le juste jugement de Dieu*; la seconde fois : *Je suis*

tiques, de l'autre puissamment attiré à la sainteté et à la perfection dont la solitude lui sem-

---

jugé par le juste jugement de Dieu, et la troisième
fois : *Je suis condamné par le juste jugement de
Dieu.* D'après le témoignage de plusieurs auteurs, ce
fut à ces paroles : *Responde mihi quantas habeo ini-
quitates et peccata?...* etc. , qui commencent la 1ʳᵉ le-
çon du 2ᵉ nocturne de l'Office des Morts , que le docteur éleva la voix pour déclarer qu'il était *accusé*,
jugé, *condamné.*

Les auteurs qui racontèrent ce fait épouvantable
assez longtemps après l'événement , ne paraissent pas
avoir cherché à connaître , pour l'utilité des vivants ,
ce qu'il y aurait eu de répréhensible dans la conduite
de cet infortuné.

Quoi qu'il en soit , cette mort funeste , et accompagnée de prodiges , ne parut un fait controuvé , aux
yeux de certains critiques peut-être un peu outrés ,
que vers le milieu du 17ᵉ siècle ; jusque là c'était à
peu près à l'unanimité que les auteurs de divers partis
s'étaient accordés à l'admettre ; et si depuis ces temps
anciens on a cherché à l'infirmer , ça a été plutôt par
des preuves négatives ou de simples conjectures. Ceux
qui l'avaient admis , quoique l'on ne remonte pas assez
clairement à l'origine du fait , étaient des personnes
recommandables par leurs lumières et leurs vertus ,
ou du moins qui n'avaient aucun intérêt à entraîner
l'assentiment du public en faveur d'un événement qui
aurait été controuvé. De ce nombre sont, 1° les cen-

blait la voie marquée par la Providence à son
égard, surtout après le vœu qu'il en avait

---

turiateurs de Magdebourg qui racontent cette histoire
dans la xıe Centurie ; 2° Guillaume Dugdale, aussi pro-
testant, auteur anglais du 17e siècle et fort estimé de
ses compatriotes.

On peut voir ces divers témoignages fidèlement re-
cueillis dans une vie de Saint Bruno, 1 vol. in-12,
écrite par D. Ducreux, ancien Prieur de la Chartreuse
de Bourbon-lès-Gaillon en Normandie.

Ceux au contraire qui combattent cette croyance au
prodige se fondent surtout sur le silence de tous les
auteurs contemporains ; 2° sur le silence de Saint Bruno
lui-même qui ne donne en aucune manière les consi-
dérations que suggère cet événement dans une lettre à
un ami qui avait aussi promis de quitter le monde ;
3° sur le laps de temps considérable qui s'est écoulé
jusqu'à la publicité d'un fait aussi extraordinaire, etc.,
etc. ; mais après tout ce ne sont là que des preuves négatives : un auteur qui affirme vaut plus que dix qui
gardent le silence.

Les Bollandistes eux-mêmes, dans leur fameux
Acta sanctorum, ouvrage de la plus saine critique, se
contentent de dire que l'histoire du docteur mort et
ressuscité n'est ni certainement vraie, ni certainement
fausse ; laissant à chacun la liberté d'examiner, de
peser et de juger.

Au surplus, l'amour de la vérité, et le désir de
maintenir l'honneur d'une multitude d'auteurs inca-

fait; puis enfin, si l'on veut, et que la chose ait eu lieu, par une suite de l'impression que pouvait naturellement produire la vue d'un mort qui se lève et se déclare hautement condamné de Dieu, Bruno quitte Paris presque aussitôt qu'il y est venu en l'année 1082, et, suivi de quelques amis, généreux imitateurs de son renoncement au monde, il prend la route de Bourgogne. Molesme, aujourd'hui petite ville non loin de Châtillon-sur-Seine, et du diocèse de Langres, était un monastère fondé depuis peu, sous la règle de Saint Benoît, et dont on parlait beaucoup à cause de son exacte discipline et de ses austérités; ce fut là que Saint Bruno se rendit avec ses compagnons. Ils s'y exercèrent pendant quelques mois à la pratique des devoirs de la vie monastique, sous la conduite du Saint abbé Robert, homme d'une grande

---

pables d'avoir voulu en imposer, et que l'on ne saurait accuser d'ignorance ou de crédulité, ont pu seuls déterminer à donner comme vraisemblable une tradition qui est née avec l'Ordre et s'y est assez généralement maintenue. La gloire de Saint Bruno et de son Ordre ne dépend du reste en aucune manière de cet événement.

sainteté, lequel, pour favoriser l'attrait qu'il remarquait en eux pour une vie plus solitaire, leur offrit la terre de Sèche-Fontaine dépendante de son abbaye (*b*).

Ce fut en ce lieu qu'ils menèrent quelque temps la vie érémitique. Mais Saint Bruno sentant que cette solitude n'était pas encore convenable à la vie contemplative à laquelle Dieu l'invitait, sachant que Saint Hugues, qui avait été son disciple à Reims, était alors Evêque de Grenoble, et qu'il pourrait trouver dans ce diocèse une retraite propre à son dessein, il pria l'abbé Robert de trouver bon

---

(*b*) Eloges funèbres de diverses Eglises au sujet de la mort de Saint Bruno, en réponse à une lettre des Pères de Calabre :

1° Métropole de Sainte-Marie de Rheims, n° 52.

« Cumque faveret ei fortuna per via, jamque
» Hunc præferremus omnibus et meritò;
» . . . .
» Omnia postposuit x^to, nudumque secutus
» Christum, cum multis suscipit hunc eremum. »

2° Eglise de Saint-Pierre de Troyes, n° 47.

« . . . .
» Bruno vir sapiens, jussa Dei faciens,
» . . . .
» Fugit ab hâc vitâ, monachus fit et hinc eremita. »

qu'il se retirât avec ses compagnons auprès du Saint Evêque. Ils prirent donc la route du Dauphiné, à l'exception de Pierre et Lambert qui gardèrent leurs cellules de Sêche-Fontaine jusqu'au jour où, assurés de l'heureuse découverte de leur saint Père, ils vinrent se réunir à lui.

Dès que Saint Bruno et ses compagnons parurent devant le Saint Evêque de Grenoble, ils se prosternèrent à ses pieds, et le prièrent de leur accorder dans quelque coin de son diocèse un endroit totalement séparé du commerce des hommes, où ils pussent servir Dieu sans obstacle. A la vue de Saint

---

3° El. d'Albert.

« Det pietas Christi tibi, Bruno, quod meruisti,
» Factus in hâc vitâ monachus priùs, hinc eremita. »
4° N. D. de Paris, n° 109, Elog. funèb.
» O vos mundani qui re gaudetis inani
» Spernite culturam carnis, subitò perituram.
» . . . .
» Qui lucra sectantur, subitâ nece præcipitantur,
» Et subeunt antrum carnes animæque baratrum.
» Hæc satis attentè pertractant Bruno, repentè
» . . . .
» Mundum despexit, iter ad cœlestia flexit.

Bruno et de ses six compagnons (*c*), le digne
Prélat se rappelle avec admiration que la nuit
précédente il a aperçu sept étoiles qui s'avan-
caient vers un désert de son diocèse, nommé
Chartreuse, et comprenant alors que ces étrangers lui sont envoyés par la Providence, il se
sent disposé à se déclarer leur protecteur et à
acquiescer à leur demande. Après les avoir
embrassés avec une tendre affection, et donné
de justes éloges à leur piété, il leur assigna
ce même désert, s'engagea à les y accompa-
gner et à les pourvoir de ce qui serait nécessaire pour s'y établir; Saint Hugues voulut
néanmoins les prémunir contre toute surprise et sonder la générosité de leurs résolu-
tions, en leur faisant une peinture fort natu-
relle de cette solitude telle qu'elle était à cette
époque. « Vous ne trouverez, leur dit-il,
» qu'un séjour affreux, repaire de bêtes sau-
» vages. Des rochers très-élevés, des forêts
» immenses, un froid très-vif et fort long,
» aucun fruit, aucune production, telle est

(*c*) Voici leurs noms : *Lauduin*, né à Lucques; *Hu-*
gues, dit le Chapelain; Deux *Etienne*, l'un de Die,
l'autre de Bourg ; *André* et *Guérin*, laïques.

» la terre où je vais vous conduire. Le bruit
» des torrents, le silence des bois, tout an-
» nonce la mort, tout est effrayant dans ces
» lieux. Pensez-y bien, il ne faut rien moins
» qu'une vertu plus qu'humaine pour n'être
» pas tentés de revenir sur vos pas... »

Ce tableau, loin de déconcerter nos athlètes chrétiens, les remplit de joie et les porta à bénir hautement la Providence qui leur avait enfin choisi une solitude telle qu'ils la dési-raient. Edifié et attendri jusqu'aux larmes, le religieux Prélat les retint quelques jours au-près de lui, tandis qu'on préparait ce qui était nécessaire à leur nouvelle existence, et les mit enfin lui-même en possession du désert, leur cédant tous les droits qu'il y avait. D'au-tres personnes de distinction joignirent bientôt après, l'offrande des titres de leur propriété sur ces mêmes forêts à celle qu'en avait fait le Saint Evêque, et pour garantie de ces diver-ses donations, il fut fait acte de donation en présence de onze témoins, et signé par les mêmes bienfaiteurs (d), dans l'église de Notre-

(d) Noms des principaux fondateurs et bienfaiteurs :
1° *S. Hugues*; 2° *Humbert de Miribel*; 3° *Odon* ou

Dame de Grenoble. Le contrat solennel, rapporté chez les Bollandistes, fut lu publiquement devant tous les Chanoines et un grand nombre d'Ecclésiastiques qui se trouvaient réunis en synode.

Ce fut en 1084, vers la fête de Saint Jean-Baptiste, que les nouveaux solitaires s'établirent à une demi-lieue environ au-dessus du monastère actuel, dans une petite gorge beaucoup plus sauvage, au bas du rocher de Grandsom. Leur premier soin fut de se construire un oratoire, et d'élever tout à l'entour de petites cabanes en bois, à quelque distance les unes des autres, telles à peu près qu'étaient les anciennes laures de Palestine. Celle de notre Saint, ainsi que l'oratoire, fut placée sur le rocher où l'on voit aujourd'hui la chapelle bâtie depuis en son honneur. Leur vie pauvre et austère répondait à leur habitation : ils jeûnaient la plus grande partie de l'année ; l'abs-

---

Eudes, son frère ; 4° *Hugues de Tolnone* ; 5° Anselme Garcin ; 6° noble dame *Luce* et ses fils Rostan, Guigues, Anselme, Ponce et Boson ; 7° *Bernard Lombard* et ses enfants ; 8° Séguin, abbé de la Chaise-Dieu, près de Brioude en Auvergne.

tinence de la viande devint dès lors un point d'usage, et ils s'en privèrent même dans le cas de maladie. Ils portaient le cilice, couchaient sur la dure, et interrompaient le sommeil pour vaquer à l'oraison; les prières pendant le jour étaient interrompues par le travail. Leur occupation ordinaire était de copier des livres, chose de grande importance à une époque où l'imprimerie était inconnue, et qui leur devenait un moyen de subsistance honnête. Le silence continuel n'était interrompu que lorsque la nécessité en faisait un devoir; mais alors, tout en se bornant aux explications indispensables, ils se servaient de la parole et non pas de signes, comme cela se pratique en d'autres religions. Cet éloignement de toute conversation, même pieuse, avait pour but de favoriser le recueillement intérieur et l'union avec Dieu; détachés de tout par un entier renoncement au monde et l'abnégation de toute recherche d'eux-mêmes, aidés du souvenir continuel des vérités éternelles, sujet de leurs profondes méditations, ils s'efforçaient de s'élever de plus en plus dans les voies sublimes de la perfection évangélique, joignant comme les anciens solitaires la vie active à la vie contemplative, et ne cessant de soupirer après la possession du souverain bien. *Ce sont des Anges et non pas des hommes*, disait Guibert, abbé de Nogent, et auteur contemporain.

Fondateur de cette nouvelle société, Saint Bruno en était le Père, le Soutien et le Modèle. S'il l'emportait sur les autres par ses connaissances, il s'efforçait encore plus de les surpasser par la ferveur de sa charité, son attrait pour la mortification, et sa profonde humilité. Saint Hugues, juste appréciateur de ses vertus, le choisit dès lors pour son guide spirituel, et malgré la distance et les difficultés du voyage, il venait souvent dans sa chère solitude, et ne se séparait de son Directeur que lorsque celui-ci l'avertissait, avec une religieuse familiarité, qu'il était temps de retourner à son Eglise et d'aller donner tous ses soins à son troupeau.

Quelques cabanes de bois construites à la hâte pouvaient suffire aux beaux jours d'été qui suivirent l'arrivée des pieux solitaires; mais il était de la sagesse des fondateurs de prévenir les neiges et les frimats qui auraient bientôt rendu insuffisantes ces premières de-

meures. Le Saint Evêque de Grenoble avait
tout prévu, et malgré les humbles représen-
tations de Bruno, il fit construire à ses frais
une chapelle, un cloître, des cellules, un chapitre et tout ce qui était d'ailleurs nécessaire
à une communauté religieuse. Ce fut aussi le
digne Prélat qui eut la consolation de leur
donner l'habit religieux, et qui obtint du
Saint-Père, Victor III, une approbation don-
née en plein consistoire qui plaçait le nouvel
institut au rang des Ordres monastiques (e).

De si grands exemples, dans un siècle de
foi, ne furent pas donnés en vain : bientôt
Saint Hugues et Saint Bruno virent s'augmenter le nombre de ces fervents imitateurs de leur

---

(e) Il n'est pas inutile d'observer que tous les ordres
religieux se réduisent à cinq classes : 1° les ordres
monastiques, tels que les *Bénédictins* et ceux qui en
sont sortis. 2° Les chanoines réguliers, tels que ceux
de *Prémontré* et les *Trinitaires*. 3° Les ordres men-
diants, dont les principaux sont les *Carmes*, les *Au-
gustins*, les *Dominicains* et les *Franciscains* auxquels
on a ajouté depuis les *Servites* et quelques autres.
4° Les clercs réguliers, comme les *Théatins*, les *Jé-
suites*, les *Barnabites*, etc. 5° Les ordres militaires
comme ceux de Malte, etc.

vie pénitente. On vit accourir des personnes de tous les rangs de la société que l'on accueillait avec bonté et que notre Saint revêtait de l'habit religieux après s'être assuré de leur vocation.

C'est ainsi que le désert de Chartreuse devint le berceau d'un Ordre qui s'étendit ensuite dans toutes les contrées de l'Europe. Les souverains Pontifes, les Prélats, les Empereurs, les Rois, les Princes, les Nobles, et souvent les simples particuliers, eurent la dévotion de fonder des Chartreuses. Il y en a eu jusqu'à 260 à peu près; il en existait encore 135 à l'époque de la révolution (*f*); la France seule en comptait 66 (*g*).

(*f*) Il n'est pas nécessaire de faire observer que lorsque nous parlons de *Révolution*, sans autre spécification, il s'agit toujours de celle de 1789.

(*g*) Depuis les guerres de religion et les malheurs qui suivirent la révolte de Luther et Calvin contre l'Eglise catholique, époque où les Chartreux, et en particulier ceux de la Grande-Chartreuse, eurent beaucoup à souffrir, et où ce monastère fut pillé et brûlé à diverses reprises, il s'était écoulé deux siècles et demi, lorsque Joseph IIe, empereur d'Allemagne, vint à son tour détruire un grand nombre de commu-

Loin de former toutefois des projets d'a-
grandissement, Saint Bruno ne songeait qu'à
goûter les douceurs ineffables attachées au
service de Dieu, et content de son parfait éloignement des grandeurs et des joies du monde,
il bornait toute son ambition à faire des vœux
pour qu'il lui fût permis de finir tranquillement ses jours dans cette profonde solitude.
Mais les desseins de la divine Providence ne
voulaient pas qu'il en fût ainsi : il y avait près

---

nautés religieuses. La révolution française les anéantit
toutes dans le royaume. Les principes de la philosophie
entraînèrent de toutes parts, et surtout dans les pays
occupés par les armées révolutionnaires, la destruction des établissements religieux. Les Chartreuses y
furent comprises. Il en reste peu aujourd'hui; on en
compte sept en Italie, deux en Portugal *, deux en
Suisse; en France trois, en y comprenant la Grande-
Chartreuse, chef-lieu de l'Ordre, et résidence du Supérieur général, de qui les autres dépendent. Il faut
encore y ajouter les Religieuses-chartreuses. Elles
avaient autrefois quatre monastères, trois en France
et un en Savoie. Aujourd'hui elles existent seulement
près de Voiron, où elles achetèrent en 1821 le château

* Ces deux Chartreuses viennent d'être supprimées par suite des
troubles qui agitent ce pays.

de six ans qu'il était dans cette chère retraite,
lorsque le Saint-Père Urbain II, qui avait été
son disciple à Reims, et qui connaissait son
mérite, l'appela auprès de lui pour s'aider de
ses conseils. Obligé d'obéir, Bruno rompit les
liens qui l'attachaient au désert, et plus encore aux fidèles compagnons de sa pénitence,
pour se rendre à Rome où le Pape l'accueillit
avec de grandes marques d'estime et d'affec-

---

de Beauregard et le transformèrent en un couvent re-
connu depuis par une loi.

Nous ne parlerons pas d'une petite résidence formée
à Mougères, diocèse de Montpellier, et particulière-
ment destinée aux Religieux infirmes qui ne peuvent
plus supporter le climat de la Grande-Chartreuse.

Il est aussi inutile de rappeler que depuis plus de
cinquante ans les Chartreux espagnols se virent obligés de se donner un Supérieur général indépendant de
la Grande-Chartreuse. Un ordre de la Cour, pour empêcher, disait-on, l'exportation des fonds du royaume,
donna lieu à cette mesure ; quoi qu'il en soit, la sépa-
ration se fit de concert avec le Saint-Siége. Avant les
dernières affaires pour la question de l'hérédité, entre Don Carlos et la reine Christine, il existait une
quinzaine de monastères chartreux dans l'Espagne ; ils
ont, depuis les troubles, subi le sort des autres Ordres religieux.

3

tion et lui fit donner un logement dans son palais. Ce ne fut pas toutefois sans de grands combats intérieurs et sans éprouver bien des regrets que notre Saint se vit obligé de se lancer de nouveau dans les embarras d'une vie tumultueuse ; son désert lui était toujours présent, et il sollicita son retour à diverses reprises, avec les plus vives instances ; mais Urbain, qui lui avait donné sa confiance, ne pouvait se résoudre à le laisser partir.

Cependant la Providence, qui connaissait la pureté des motifs qui animaient ce serviteur fidèle, lui ménagea des moyens pour satisfaire du moins en partie son désir. Roger, Comte de Calabre, et son grand ami, le pressait de se choisir une retraite dans ses Etats. Le Pape, instruit de ces dispositions du Comte, et persuadé qu'il se verrait enfin obligé d'accéder aux instances de son ancien Maître, joignit ses sollicitations à celle de ce Prince, dans l'espoir qu'il serait ainsi plus à sa portée dans les cas difficiles où il jugerait à propos de recourir à ses lumières. Il voulut même le nommer à l'archevêché de Reggio ; mais Bruno, qui avait pris la fuite pour éviter ces grands honneurs, avant de rompre avec le siècle, re-

fusa constamment cette dignité, et ce fut sans
doute pour mettre une nouvelle barrière entre lui et le monde, que, se voyant ainsi pour-
suivi par les offres généreuses du Saint-Père
et du Comte, il choisit ce qui s'accordait
mieux avec son attrait et fut chercher près de
la Tour (en italien *la Torre*), au diocèse de
Squillace, vers l'extrémité méridionale de
l'Italie, une retraite conforme à ses goûts de
solitude. Ses vertus, son amabilité et ce charme divin qui enchaîne les cœurs lui avaient
attaché plusieurs nouveaux disciples dès son
arrivée en Italie. Ce fut avec cette petite troupe
d'élite, dont faisaient aussi partie quelques-
uns de ses enfants de France qui n'avaient pas
eu le courage de se séparer de leur bon Père,
qu'il reprit les exercices de la vie religieuse,
et s'efforça par une ferveur toujours plus active de réparer les pertes qu'il croyait avoir
faites par son séjour dans le monde. Il intro-
duisit dans cette nouvelle demeure tous les
usages de la Chartreuse du Dauphiné. Le
comte Roger pourvut généreusement à tout
ce qu'exigeait l'existence de la communauté
naissante : terres considérables, bâtiments,
etc., rien ne fut oublié, et les dons qu'il fit à

Saint Bruno et à ses disciples furent confirmés
par un acte passé en présence de l'Evêque dio-
césain, nommé Théodore (*h*). Cette fondation
fut aussi confirmée par Urbain II, qui y ajouta
plusieurs priviléges, témoignage permanent
de son affection pour Bruno. L'église qui fut
construite en ce lieu pour les religieux porta
le titre de Notre-Dame de l'Ermitage, et était
consacrée à la Sainte Vierge. Bientôt après on
éleva une nouvelle église et un nouveau monastère, toujours aidés par les libéralités du
Comte Roger, et cette maison, qui était très-

(*h*) On voit dans l'acte d'approbation et de confirma-
tion de l'Evêque de Squillace l'usage de ce mot *Dom*
qui est passé en coutume chez les Chartreux et dans
quelques autres Ordres religieux. Il est dit dans l'acte :
.... honoratissimis monachis et eremitis *Domnis Bru-
noni* et *Landwino*, etc. Ce titre d'honneur *Domnus*
est un diminutif de *Dominus*, Maître, Monsieur, et
n'a rien de contraire à la modestie qui doit être le plus
beau titre de distinction de ceux qui ont renoncé aux
usages du monde. Dans le royaume de Naples et ailleurs, cette qualification de *Dom* est devenue aussi
ordinaire que celle de *Monsieur* parmi les Français.
En Portugal, il n'en est pas de même : elle ne se donne
guère qu'aux personnes d'un rang distingué, nobles et
autres que le Roi veut honorer.

voisine de la première, et sous la conduite
du même Supérieur, porta le nom de Saint-
Etienne de la Forêt (*de nemore*) (*i*).

La grande piété du Comte Roger, et la vénération qu'il avait pour notre Saint, étaient
sans doute la cause de ses largesses ; mais il
put aussi être excité à en agir ainsi par un
sentiment de reconnaissance, et voici à quel
sujet. Les troupes du Comte faisaient le siége
de Capoue : Sergius, un de ses généraux, était
près de le trahir ; le Prince averti en songe par
Saint Bruno, qui lui révèle le complot, n'a
rien de plus pressé que de rassembler ses sol-
dats et de s'assurer si cette vision a quelque
fondement. Sergius, effrayé de ce mouvement
au milieu de la nuit, se doute que le Prince
est instruit de ses projets ; il se sauve dans
Capoue avec deux cents grecs dont il avait le
commandement. Les troupes du Comte se mirent à les poursuivre et blessèrent ou arrêtè-
rent 162 complices de Sergius, qui avouèrent
la réalité du complot. Après la prise de Capoue, le Prince revint à Squillace et dit à Saint
Bruno combien il lui était redevable pour

(*i*) Ce monastère était ainsi appelé à cause du voisinage d'une grande forêt.

s'être souvenu de lui pendant son absence. Ce
n'est pas moi, lui répondit modestement le
Serviteur de Dieu, qui vous ai apparu en songe,
c'est l'ange du Seigneur qui protége les princes ; et c'est à Dieu seul qu'il faut attribuer la
gloire de vos succès. Le Comte et Bruno dis-
putèrent alors entre eux à qui serait plus généreux, ou plus désintéressé ; et ce ne fut
qu'après beaucoup d'instances que le Saint
consentit, à cette occasion, à recevoir quelque
léger présent, *modicum munus meum*, de la
main de ce digne Prince, qui le choisit encore
bientôt après pour conférer le baptême à un
de ses enfants, et voulut que Lanvin, un des
religieux (*j*) dont il admirait aussi les vertus,
fut le parrain de son fils (*k*).

Ainsi s'écoulaient dans l'exercice de la charité et de la prière les jours pleins du digne
Serviteur de Dieu, lorsqu'il plût à la bonté di-

(*j*) Ce saint religieux est le même dont nous avons
parlé ailleurs ; il était né d'une famille noble de Normandie ; c'était à lui que Bruno avait confié le gouvernement du monastère de Saint-Etienne.

(*k*) Ce fils du Comte Roger, baptisé par notre Saint,
fut dans la suite roi de Sicile, et s'appela Roger II.

(*Voyez* les Bollandistes, *acta SS. Vie de S. Bruno*,
p. 662.)

vine de lui faire connaître sa fin prochaine.
A ce terme heureux, et après lequel il avait
toujours soupiré, Saint Bruno rassemble ses
disciples, leur fait les adieux les plus tou-
chants, et renouvelle sa profession de foi. Je
crois, leur dit-il, à tous les Mystères de la
Religion, à tous les Sacrements de l'Eglise, et
principalement à celui de l'Eucharistie. Je
crois que le pain et le vin consacrés sur l'autel
sont le vrai corps de N. S. J. C., sa vraie chair
et son vrai sang que nous recevons pour la
rémission de nos péchés, et dans l'espérance
de la vie éternelle. Ce fut dans ces sentiments
religieux, animés d'une foi vive et d'une ar-
dente charité, qu'il s'endormit paisiblement
dans le Seigneur, un dimanche 6 octobre 1101,
à l'âge d'environ 68 ans, dont il en avait passé
dix-sept dans la solitude.

Ses chers disciples ressentirent vivement la
perte qu'ils venaient de faire. Ils l'enterrèrent
dans le cimetière de Notre-Dame-de-la-Tour,
après avoir laissé ses précieux restes exposés,
pendant trois jours, à la vénération d'une multitude de personnes qui étaient venues, à la
nouvelle de sa mort, pour assister à ses funé-
railles, pleurer sur son tombeau et mêler leurs
larmes à celles de ses enfants.

Une telle mort, après une vie si parfaite, ne permettait pas aux Chartreux de douter du bonheur de leur très-digne Père ; aussi les vit-on dès lors empressés à l'invoquer comme tout-puissant auprès de Dieu. Cependant plusieurs siècles s'écoulèrent avant qu'on rendît un culte public à cet illustre Fondateur ; et ce ne fut qu'en 1514 que le S. Pape Léon X permit de célébrer solennellement la fête de ce grand Serviteur de Dieu et d'honorer ses reliques. En 1623, Grégoire XV étendit son culte à toute l'Eglise, et fixa sa fête au jour même de sa bienheureuse mort, qui avait été rendue glorieuse par ses vertus et par les miracles dont elle fut suivie.

Il nous reste quelques ouvrages de Saint Bruno, qui forment 1 vol. in-f°, et contiennent des Commentaires sur les Psaumes et sur les Epîtres de Saint Paul ; des Sermons et divers Opuscules, avec deux lettres écrites de Calabre, l'une à ses Religieux de la Grande-Chartreuse, et l'autre à Raoul, Prévôt de l'Eglise de Reims (*l*).

On voit dans les écrits de Saint Bruno qu'il

_____

(*l*) Edition de Cologne, 1613 et 1640. — Bollandistes, p. 675, *vie de Saint Bruno.*

était un des hommes les plus savants de son
siècle : il possédait le grec et l'hébreu , et était
fort versé dans la connaissance des divines
Ecritures et des SS. Pères. « Il serait difficile,
» disent les auteurs de l'*Histoire littéraire de
» la France*, de trouver un écrit qui soit à la
» fois plus solide et plus lumineux , plus concis
» et plus clair que le Commentaire de Saint
» Bruno sur les Psaumes. S'il eût été plus
» connu, on en aurait fait plus d'usage ; on
» l'aurait regardé comme très-propre à don-
» ner une juste intelligence des Psaumes. On
» y reconnaît un auteur instruit de toutes les
» sciences et rempli de l'esprit de Dieu.......
» Il serait à souhaiter que ce Commentaire fut
» entre les mains de tous les fidèles, et parti-
» culièrement des personnes consacrées à la
» prière publique. »

Les deux lettres sont d'une tournure aussi
élégante qu'affectueuse, celle au Prévôt de
Reims surtout. Elle exprime la douceur, l'a-
ménité et la sensibilité du cœur de celui qui
l'écrivait, et qui voulait engager son ami à
venir se joindre à lui. Saint Bruno lui fait une
peinture charmante de sa solitude de Calabre,
où il goûtait des joies et des délices inconnues

à ceux qui n'en avaient pas fait l'expérience.
« Cette solitude, ajoute-t-il, est assez éloi-
» gnée du commerce des hommes. Une plaine
» spacieuse et riante s'étend entre des monta-
» gnes qui fuient en perspective et terminent
» l'horizon : l'air y est pur ; de vertes prairies,
» des campagnes ornées de fleurs y récréent
» la vue ; les arbres y sont chargés de fruits ;
» une rivière, des ruisseaux, une source
» d'eau vive, des ombrages touffus y entre-
» tiennent la fécondité et la fraîcheur. L'hom-
» me se trouve bien du spectacle ravissant
» que lui présentent ces lieux champêtres ;
» car l'arc ne peut être toujours tendu, et
» lorsque l'esprit est fatigué par le travail, ou
» par l'application aux exercices spirituels, il
» se délasse merveilleusement à l'aspect d'une
» belle nature.... »

Cet extrait dépeint admirablement le caractère de Saint Bruno, fort éloigné de la tristesse
et de la mélancolie. Une aimable gaîté est surtout nécessaire à ceux qui mènent une vie re-
tirée : elle accompagne toujours la vraie et
solide vertu (*m*).

(*m*) A la mort du Saint, les Religieux de Calabre, sui-

La lettre de Saint Bruno aux Religieux de la Grande-Chartreuse n'est pas moins affectueuse; elle porte l'empreinte de sa tendresse paternelle, et fait tout à la fois l'éloge de son esprit et de son cœur. Il leur témoigne le désir qu'il aurait de pouvoir aller lui-même essuyer les larmes que son absence leur fait répandre (n) et en tarir la source. Il les félicite de ce que

---

vant en cela une pieuse coutume de ces temps de foi, écrivirent une Encyclique à la plupart des Eglises et Communautés d'Allemagne, de France et d'Italie, afin de les engager à unir leurs prières et leurs larmes à celles des enfants qui regrettaient un si bon Père. On y voyait à la fin cet éloge en vers :

« Laudandus Bruno fuit in multis et in uno,
» Vir fuit æqualis vitæ, vir in hoc specialis ;
» Semper erat festo vultu, sermone modesto.
» Cum terrore patris monstravit viscera matris,
» Nullus eum magnum, sed mitem sensit ut agnum,
» Prorsùs in hâc vitâ verus fuit Israëlita... etc., etc. »

(*Voyez* D. DUCREUX, *vie de S. Bruno, à la p.* 19, *éd. in-*12.)

(n) Ces larmes furent si amères que, malgré la générosité de leurs premiers sacrifices, ces compagnons de Saint Bruno n'eurent pas le courage de supporter l'absence de leur tendre Père : ils allèrent le rejoindre en Italie, et il ne fallut rien moins que leur dévouement à l'obéissance et l'amour de leur solitude pour les engager à reprendre le chemin de la Grande-Chartreuse.

leur zèle, pour s'élever à la perfection, ne se ralentissait point, et finit par les exhorter à la persévérance dans les saintes voies qu'il leur a tracées.

Vue extérieure du Couvent

Grande = Chartreuse.

§ Ier.

ROUTE DE GRENOBLE

ET DES ÉCHELLES.

La Grande-Chartreuse, ainsi nommée parce qu'elle est le berceau et le chef-lieu de l'Ordre, est située dans le Dauphiné, au département de l'Isère. Sa position est au nord-est de Grenoble, à cinq lieues de cette ville, sur les frontières de la Savoie, et à la hauteur de 5o3 toises, ou 3o18 pieds au-dessus du niveau de la mer. Elle se trouve enfermée de tous les côtés par de hautes montagnes qui font partie de la chaîne des Alpes, et qui la séparent entièrement des pays d'alentour. Il n'y a, pour y parvenir, que deux routes praticables, celle du Sapey, et l'autre par St-Laurent-du-Pont.

En venant à la Grande-Chartreuse par le Sapey, on gravit les hauteurs de Mont-Fleury et de Corenc, et l'on voit se dérouler devant soi, en regardant le midi, le beau spectacle de la vallée du Graisivaudan. Le voyageur enchanté fait halte, comme malgré lui, pour le contempler à loisir. Le Drac et l'Isère arrosent cette plaine délicieuse et fertile ; mais cette dernière rivière coule à si grands replis et par tant de contours, qu'elle paraît en former plusieurs. Les champs, dont la culture est très-variée, et qui se trouvent au milieu de ces nombreuses sinuosités, ont l'air d'autant de petites îles. Les hameaux, les maisons de campagne, les jardins, les vergers sans nombre, les plantations de toute espèce, les vignobles

qui s'étendent dans la plaine et qui couvrent les
riantes collines de la Tronche et de Mont-Fleury,
répandent, comme à l'envi, un charme ravissant sur cette jolie scène, et présentent à l'œil
un paysage aussi gracieux qu'on puisse l'imaginer. Grenoble, enfin, et ses spacieux alen-
tours qu'on aperçoit dans le fond du tableau,
achèvent d'embellir une perspective qui s'a-
grandit et se prolonge par la chaîne de hautes
montagnes que l'on découvre dans l'éloignement.

Au delà de Corenc, on fait la montée du
Sapey en tournant le mont St-Eynard ; on traverse une montagne nommée le col de Porte,
élevée de 685 toises au-dessus du niveau de
la mer, et sur laquelle se trouve un bois de sapins. De ces hauteurs qui laissent à l'œil la
liberté de se perdre d'un côté sur les cimes
qui environnent la plaine de Grenoble, et de
l'autre, d'envisager de nouveaux sommets qui
paraissent se multiplier devant lui, le voyageur aperçoit bientôt la profonde, mais étroite
vallée où se trouve le village de Saint-Pierre-
de-Chartreuse et les nombreux hameaux çà et
là qui en dépendent. A mesure qu'il s'avance,
en longeant à gauche jusqu'au pied des cô-

teaux , il sent augmenter ses incertitudes sur
l'issue que pourra lui offrir la haute montagne
qui se présente en face comme un rempart
qu'on ne saurait franchir , lorsqu'il aperçoit
tout à coup une gorge étroite et profonde ,
puis au delà un nouveau jour , avant-coureur
d'un changement de scène : une descente ra-
pide le fait arriver en peu d'instants à deux
rochers d'une élévation surprenante et fort
rapprochés l'un de l'autre. Un pont , jeté dans
l'espace qui les sépare , donne l'entrée au Désert ; l'on peut déjà , en franchissant ces espa-
ces , s'arrêter au bruit sourd et mélancolique
des eaux que roule entre mille rochers le torrent de Guyer-mort (o) , et reprendre haleine
pour faire avec courage les trois quarts d'heure

(o) Il prend sa source près du village de Saint-Pierre-
de-Chartreuse, traverse le Désert, et après avoir arrosé
la plaine de Saint-Laurent-du-Pont , va se joindre, aux
Echelles , au Guyer-vif, autre rivière qui prend sa
source à Saint-Pierre-d'Entremont, et se jette dans le
Rhône à 2 lieues au-dessous du Pont-de-Beauvoisin.
On dit que le nom de Guyer-mort est venu de ce
qu'il resta à sec une certaine année. Si cela est, cet
événement a précédé la venue de Saint Bruno , car les
actes de cette époque parlent du *Guerus mortuus*.

de montée qui séparent encore du Monastère.
On rencontre, après une demi-heure de marche, la maison d'en bas, nommée la Correrie,
et quelques instants après, on aperçoit avec
un certain saisissement les murs et les clochers
du Monastère qui se présentent à l'œil étonné
sous l'apparence d'une petite ville.

Nous avons parlé d'une seconde route de
Grenoble à la Grande-Chartreuse : c'est celle
de Voreppe à Saint-Laurent-du-Pont, ou des
Echelles au même bourg de Saint-Laurent.
Quand on la suit de Grenoble au Désert, en
évitant le Sapey, on allonge de deux fortes
lieues, mais on peut venir en voiture à Saint-
Laurent, et l'on trouve là des mulets de louage
pour achever le trajet qui est d'environ deux
heures. De Voiron, l'on aboutit aussi au même
bourg de Saint-Laurent ; d'où l'on se dirige le
long du Guyer-mort vers l'entrée du Désert,
appelée la porte de Fourvoirie. C'est là que les
eaux des diverses gorges, réunies dans un lit
étroit et profond, se précipitent en bouillon-
nant, et forment des cascades plus ou moins
majestueuses, selon que les eaux sont plus ou
moins abondantes. Il est impossible de peindre
la variété des sites qui se succèdent à chaque

4

pas en montant, des nappes d'eau, des scieries, un martinet, un vieux pont, et la porte de Fourvoirie elle-même, laissent entrevoir au delà le passage étroit qui introduit au Désert.

Entrée du d'sert par Fourvoirie.

Lith. de Baratier frères & fils.

§ II.

LE DÉSERT,

ou

ENCLOS DE LA GRANDE-CHARTREUSE.

Il n'y avait autrefois aucun chemin de communication entre la Grande-Chartreuse et Saint-Laurent-du-Pont. Celui qui existe aujourd'hui fut ouvert au commencement du 16ᵉ siècle, sous le généralat et par les soins de Dom Pierre-le-Roux, en des lieux qui paraissaient impraticables. Ce fut lui aussi qui entreprit la construction de la Porte de l'OEillette et du Pont-Parant, travaux que fit achever son successeur, le R. P. Dom François Dupuis.

La porte de Fourvoirie ne fut construite que vers l'année 1700; et l'on pratiqua aussi alors le chemin qui va du Pont-Parant à cette porte; auparavant il fallait faire un détour dans la montagne pour aboutir à Fourvoirie; et comme ce chemin est en partie creusé dans le roc, on lui a donné le nom des Voûtes.

L'entrée du Désert de ce côté là n'est pas moins remarquable que celle qui se présente au voyageur qui arrive au Désert par le Sapey. Avant même d'arriver à la porte de Fourvoirie, la vue s'arrête sur deux énormes rochers qui bordent le torrent et ressemblent à deux murs qui se rapprochent pour ne laisser qu'un passage fort étroit. Transporté comme dans un nouveau monde, le voyageur éprouve une émotion plus vive encore quand il voit en même temps une de ces roches pendre sur sa tête, et sous ses pieds le précipice dans lequel la rivière roule ses eaux. Plus on avance dans le Désert, plus il laisse entrevoir de belles horreurs, surtout quand on a franchi le Pont-Parant, aussi remarquable par sa hardiesse que par son élévation. Des montagnes escarpées et informes, parsemées çà et là d'immenses mamelons couverts de bois, et laissant à peine un passage au Guyer-mort; le torrent qui s'échappe de ces défilés, tantôt par cascades au fond des gouffres, tantôt se brisant contre les rochers qui s'opposent à l'impétuosité de sa course; un bruit sourd, un fracas, des

bouillonnements qui deviennent plus forts à
mesure que les pluies ou la fonte des neiges
augmente, tel est le spectacle où les scènes se
multiplient à l'infini en montant. Ce qui augmente le saisissement, ce sont, d'une part,
des précipices effrayants quoique voilés par
des touffes de grands arbres, et de l'autre des
rochers à perte de vue que la main du Créateur
semble s'être fait un jeu de tailler sous mille
formes; couverts de neiges et de frimas la plus
grande partie de l'année, ils ne semblent se
découvrir comme à regret que pour apparaître
menaçants d'une ruine prochaine et prêts à
tout écraser dans leur chute. On ne peut disconvenir, et c'est une réflexion qui n'échap-
pera pas à l'observateur attentif, à celui qui
sait apprécier les œuvres de la création, sous
quelque aspect qu'elles s'offrent à ses regards,
on ne peut disconvenir que ces tableaux variés
et multipliés à l'infini, toutes ces belles horreurs, dont le premier coup-d'œil est effrayé,
n'aient quelque chose de majestueux, d'im-
posant, de sublime, qui porte dans l'âme un
sentiment de terreur, et y imprime fortement
le respect de la Divinité. Nous osons le dire,
dès l'entrée même du Désert, surtout quand

on y vient pour la première fois, il est impossible de se défendre d'une émotion religieuse, à moins qu'on n'ait déjà le cœur blasé et insensible aux ravissants spectacles de la nature.

A moitié chemin à peu près de la Grande-Chartreuse, à compter de Fourvoirie, on passe sous une seconde porte qu'on appelle la porte de l'OEillette. Fortifiée dans le temps des incursions du fameux Mandrin, vers l'an 1720, sur le bruit qu'il avait formé le dessein de piller le Monastère, elle le fut de nouveau en 1789, époque fatale où des hommes séduits et trompés peut-être, parcouraient les campagnes le fer et le feu à la main pour incendier les châteaux. Cette porte, remarquable par le grand rocher pyramidal qui lui est contigu, est aujourd'hui en ruine, ainsi que le bâtiment adjacent.

Bientôt après on arrive à une plate-forme angulaire, où l'on a arboré le signe auguste de notre Rédemption. Là de nouveaux points de vue fixent l'attention du voyageur; son œil est agréablement récréé à l'aspect d'un horizon qui s'agrandit insensiblement et de quelques tapis de verdure qui se déroulent devant lui. Le premier objet qui frappe ses regards, ce sont deux montagnes dont les sommets se perdent dans les nues, et forment au levant et au midi de la Grande-Chartreuse une longue chaîne de pointes sourcilleuses qui s'élèvent comme à l'envi les unes au-dessus des autres; et de cette sorte d'observatoire, il découvre aussi le point où elles s'abaissent insensiblement, finissent par se rapprocher, et forment le passage étroit qui introduit au Désert, sur la route du Sapey.

Le second objet qui se présente ensuite, c'est la Correrie. C'est là que les Solitaires ont la plus grande partie de leurs jardins potagers. A l'exception des murs extérieurs, de la chapelle, de l'écurie, de la grange, et de deux ou trois chambres qu'ils ont fait réparer, tous les autres bâtiments sont en ruines (p), et faute de ressources ne se relèveront proba-

---

(p) Ces grandes constructions qui n'existent plus renfermaient autrefois des ateliers où l'on fabriquait tout ce qui pouvait servir aux besoins de la communauté. On y élevait toutes les années douze enfants pauvres et orphelins qu'on prenait dans le voisinage et que l'on formait à la piété et aux bonnes mœurs, et qui ne sortaient de la maison qu'avec un moyen de subsis-

blement pas de sitôt. Ces édifices ruinés sont l'église intérieure, le chapitre, le cloître et sept cellules. Ils avaient été construits par les soins du vénérable Guigues, 5ᵉ Prieur de la Chartreuse, pour les Religieux à qui leurs infirmités et la rigueur du climat ne permettaient plus de pratiquer les austérités en usage dans la Maison-Mère.

Au-dessus de la principale porte d'entrée de la Correrie est une niche qui contenait une statue de la Sainte Vierge portant entre ses bras l'Enfant Jésus, et au bas de laquelle on lisait ce distique :

Da, precor, infantem : nàm dulce est hoc mihi pondus,
Si tamen est pondus quod mala nostra levat.

Dont voici la traduction en vieux français :

Bàillez-moi votre enfant ; ce poids me sera doux,
Si peut se dire poids qui nous allège tous.

---

tance honnête dans le monde. Cette bonne œuvre n'est pas tout à fait abandonnée ; et quoique la position actuelle des Solitaires soit bien différente, ils continuent de former par le moyen des Frères convers de petits enfants sans ressources qui apprennent ainsi et les principes de la Religion et les arts mécaniques exercés dans la maison.

Mais il faut s'acheminer vers le Monastère
où d'autres scènes viendront s'offrir à nos regards, et le Désert lui-même se présentera
sous la forme d'un long amphithéâtre dont le
plan serait incliné.

Après une demi-heure de marche dans la
direction du nord, par un chemin ombragé
sur la gauche le long de la montagne, on arrive enfin à la porte du Monastère. De là se
montre à découvert le Grand-som qui porte jusque dans la région des nuages l'étendard sacré
de la Foi placé sur son sommet. Ce rocher
passe pour une des cimes les plus élevées des
montagnes qui cernent de toutes parts la
Grande-Chartreuse. Il est à la hauteur de
1059 toises (6354 pieds) au-dessus du niveau
de la mer, et de 556 au-dessus du Monastère. Il faut près de trois heures pour arriver
à son point le plus élevé, et ce n'est que par
des sentiers difficiles et bordés de précipices
en quelques endroits qu'on peut y parvenir.
Mais on est alors bien dédommagé de tant de
fatigues par le spectacle d'un horizon immense, et par les différentes perspectives que
l'œil étonné et rempli d'admiration prend
plaisir à parcourir successivement, quand on

a l'avantage de rencontrer un ciel serein , et
que les vastes plaines tout à l'entour sont dé-
gagées de vapeurs.

A l'époque où Saint Bruno vint s'établir
dans le désert de Chartreuse (*q*) , toute cette
contrée sauvage était alors bien plus affreuse
qu'elle ne l'est maintenant. Les bois les plus
épais et les plus sombres en couvraient toute
la surface ; aucune habitation, aucun chemin,
aucune trace de culture ne venait déceler la
présence d'un être intelligent ; ce n'était qu'un
lieu aussi horrible qu'on puisse l'imaginer, et
qui ne semblait destiné qu'à servir de repaire
aux animaux sauvages. Quoique toujours solitaire, cette demeure est bien différente aujourd'hui, et nous le devons aux travaux des
premiers Chartreux qui défrichèrent peu à
peu , afin de se procurer des pâturages et
d'entretenir un troupeau ; insensiblement les
sapins et les hêtres qui occupaient le pen-
chant ou le faîte des divers monticules, lors-

_____

(*q*) Il est bien inutile de faire observer d'où vient
aux religieux de Saint Bruno le nom de *Chartreux*,
et à leurs maisons celui de *Chartreuse*; le nom de
leur première demeure l'indique assez.

que le terrain en était susceptible, cédèrent la
place à de vastes prairies et à d'excellents pa-
cages (r), objets de grande ressource dans
ces lieux écartés. Les Chartreux ne s'en tin-
rent pas là : ils ouvrirent dans tous les sens,
à travers les bois et les rochers, des chemins
de communication qui, en facilitant l'exploi-
tation des forêts, tournèrent à l'avantage du
public. Les obstacles à surmonter étaient immenses, on en peut juger par la route de
Saint-Laurent; soutenue quelquefois par des
arches, ou par les plus épaisses murailles ;
elle est comme suspendue en bien des endroits au-dessus des précipices les plus effrayants. Tous ces chemins ne sont presque
plus reconnaissables aujourd'hui. Sillonnés
par des ornières larges et profondes, coupés
par des ravins, obstrués par des masses de rochers éboulées des montagnes, ou par de
grands amas de terre que les pluies ont en-
traînée, on ne retrouve plus que quelques
traces de ces pentes douces et unies qu'on
avait ménagées partout, et qui rendaient si

(r) De ces vastes possessions, il ne reste aujourd'hui
à l'usage des Solitaires qu'une partie des prairies.

facile de tous les côtés l'accès de la Grande-
Chartreuse. Tout autrefois était entrenu avec
soin; les plus petits sentiers eux-mêmes n'é-
taient pas négligés : les Anciens du voisinage
ne l'ont pas oublié, et ils le rappellent aux
autres en gémissant sur les causes de tant de
désastres.

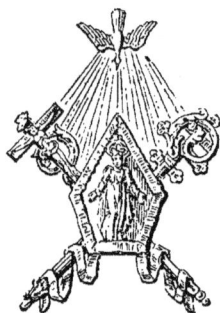

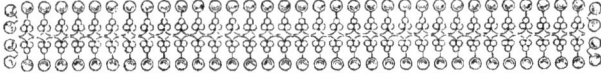

§ III.

LE MONASTÈRE

OU

NOTICE HISTORIQUE SUR SA SUPPRESSION ET SON
RÉTABLISSEMENT.

Il faut nécessairement reprendre les choses
de plus haut. Nous avons laissé les commencements de l'Ordre des Chartreux dans le lieu
où Saint Bruno, conduit par Saint Hugues de
Grenoble, éleva un petit oratoire et construi-
sit à la hâte de pauvres cabanes pour s'abriter
lui et ses premiers compagnons, dans les
beaux jours d'été qui suivirent leur arrivée
au Désert. Il faut dire comment après le départ du Saint Patriarche, ils se virent contraints d'abandonner et les cabanes et le monastère même bâti par les générosités de l'illustre Evêque de Grenoble. Mais il est des
faits plus récents et qui nous touchent de si

près, que nous ne pouvons avancer nos ré-
cits qu'après les avoir au moins esquissés,
afin que le voyageur puisse savoir comment
cette imposante habitation s'est vue tout à
coup déserte, puis enfin repeuplée de Solitaires.

Tout le monde connaît l'époque des boule-
versements que la Révolution vint opérer en
France. Nourris de faibles espérances, les
Chartreux se flattèrent alors de conserver
quelques maisons de retraite; et certains décrets de l'assemblée nationale berçaient d'un
semblable espoir tous les Ordres monastiques
de l'un et de l'autre sexe. La Grande-Chartreuse avait été désignée comme un de ces
asiles protecteurs où les Enfants de Saint
Bruno qui préféreraient l'aimable joug de
leur règle à ce qu'on appelait alors la liberté
du jour, pourraient attendre paisiblement la
mort en suivant le genre de vie qu'ils avaient
embrassé. Mais tout devait céder au torrent
qui déjà avait renversé le Trône, et au mois
d'octobre 1792, les Solitaires de ce Désert furent réduits à la douloureuse nécessité d'a-
bandonner leur Monastère. Il en fut de même
pour ceux de leurs confrères qui habitaient

les autres Chartreuses, tous subirent le sort
commun à toutes les corporations religieuses.
Bientôt après, dispersés, proscrits, empri-
sonnés, déportés ou mis à mort, ils partagè-
rent tous les genres d'infortune ou de persé-
cution. Quelques-uns cependant, animés d'un
saint zèle, se dévouèrent aux fonctions du
ministère sacré, pour aller au secours des fidèles dans un temps où l'on ne pouvait le faire
qu'au péril de sa vie; aussi plusieurs de ces
généreux apôtres eurent-ils l'avantage de donner la leur pour J.-C., et de remporter la pal-
me du martyre. D'autres trouvèrent le moyen
de se cacher, de rester inconnus, et échappè-
rent ainsi aux persécuteurs. D'autres enfin
s'empressèrent de chercher un asile hors de
France dans les maisons de leur Ordre que la
foudre n'avait pas encore frappées. Cette consolation toutefois ne fut pas de longue durée :
le fléau qui désolait l'Europe et qui s'était ré-
pandu avec une étonnante rapidité, les attei-
gnit pour la seconde fois, et les bannit impi-
toyablement de leur dernier asile.

Parmi les maisons qui avaient survécu à
cette époque de désolation, on comptait en
Suisse, au canton de Fribourg, la Chartreuse

de la Part-Dieu; le R. P. Dom Moissonnier, de Lyon, en était alors Prieur, après l'avoir été autrefois de la Chartreuse de Sylve-Bénite dans le Dauphiné, et se trouvait en même temps Vicaire général de l'Ordre, avec l'approbation du Saint-Siége, sous le pontificat de Pie VII, qui avait confirmé son titre et ses pouvoirs. En 1814 et 1815, peu après la Restauration, il se donna tous les soins imaginables pour le rétablissement de la Grande-Chartreuse, dont il était lui-même Profès. Rien ne lui tenait plus à cœur, et l'espérance qu'il en avait toujours conservée semblait être chez ce bon religieux, comme une inspiration qui lui servait d'encouragement pour arriver au terme de ses désirs. L'interrègne des cent-jours vint d'abord s'opposer à l'exécution des favorables intentions que Louis XVIII avait déjà manifestées pour ce rétablissement; mais au retour de ce prince, les démarches de Dom Moissonnier le conduisirent enfin au terme qu'il souhaitait si ardemment, et une ordonnance royale du 27 avril 1816, assignait aux anciens Solitaires les édifices de la Grande-Chartreuse pour maison de retraite.

Au comble de ses vœux, le Vicaire général

ne songea plus qu'aux préparatifs de départ, et n'écoutant ni son grand âge, ni son état d'infirmité, sans autre précaution que celle de voyager en litière et à petites journées, il quitta la Part-Dieu le 25 juin, au risque de mourir en route, traversa le canton de Vaud, Genève et la Savoie, et arriva à Grenoble le 4 juillet.

On comprend sans peine quel dut être l'empressement pour voir ce respectable vieillard. Après avoir visité Mˢʳ l'Evêque et M. le Préfet, qui le reçurent avec les égards dus à son rang, il prit le 8 juillet la route de la Grande-Chartreuse par Voreppe. Ce voyage fut comme un triomphe. A Saint-Laurent-du-Pont, une population nombreuse vint se ranger sur son passage; les cloches sonnèrent, et le respect dont on était pénétré fit tomber à genoux tous les assistants, à qui le pieux Solitaire donna sa bénédiction. Tout le monde se pressait pour contempler ses traits vénérables. Dans le même temps on voyait arriver de l'église paroissiale une longue procession où se trouvait avec M. le Curé plusieurs Ecclésiastiques du voisinage; M. le chanoine Bossard, vicaire général, en étole et en chape, représentant Mˢʳ l'Evêque

de Grenoble pour introduire le R. P. Dom
Moissonnier dans le Désert de la Grande-
Chartreuse, marchait à la suite du cortége.
Il se fit alors un profond silence, et M. Bossard complimenta Dom Moissonnier qui fut ensuite conduit à l'Eglise. On y exposa le Saint-
Sacrement; on chanta l'*Exaudiat*, le *Domine,
salvum fac Regem*, le *Pange lingua*, et après
la Bénédiction, le *Te Deum* en actions de grâces de l'heureux événement qui ramenait d'anciens Solitaires dans un Désert auquel ce for-
tuné retour allait donner une nouvelle vie.

Il fallut songer bientôt après à gravir l'espace qui séparait encore de la Grande-Chartreuse. On était à mi-chemin lorsqu'on aper-
çut une croix, des pénitents, et une réunion
considérable de personnes qui attendaient le
R. P. Général : c'était les habitants de la paroisse de Saint-Pierre-de-Chartreuse, ayant
à leur tête M. leur Curé et les notables de l'endroit, qui venaient pour lui présenter leurs
respectueuses félicitations. Le détachement
des employés aux douanes, en grand uniforme, était pareillement descendu pour prendre part à la joie commune. Dès qu'ils aper-
çurent Dom Moissonnier, le chef de la petite

troupe commanda le feu ; il se fit une décharge
de mousqueterie, et les échos prolongés firent
retentir au loin les rochers, les montagnes et
les vallées profondes du Désert. Le R. P. Général, très-sensible à ces marques d'attention,
témoigna avec bonté sa vive reconnaissance,
et l'on se remit en procession. A quelque distance du Monastère, trois Chartreux en habit
régulier, portant une croix de bois, vinrent
se prosterner humblement devant leur Général, qui donna sa bénédiction avec une dignité mêlée de joie à ces compagnons de sa
chère solitude, et l'on continua de marcher
vers la principale porte du Monastère. Le Révérend Père mit pied à terre dans la grande
cour, et fut conduit au chant du *Benedictus
Dominus Deus Israel*, dans l'ancien apparte-
ment des Généraux de l'Ordre, pour y prendre le repos dont il avait besoin. Le lende-
main on chanta une Messe d'actions de grâces
dans la Chapelle des Morts, la seule où l'on
pût célébrer les saints Mystères avec une certaine décence.

Il ne manquait plus rien ici-bas au bonheur
de Dom Moissonnier : il revoyait le Désert sanc-
tifié par Saint Bruno et par ceux qui avaient

suivi les traces de cet illustre Fondateur ; il
avait l'assurance d'y finir ses jours; tous ses
vœux étaient accomplis; il pouvait s'écrier :
C'est maintenant , Seigneur , que vous lais-
serez aller votre serviteur en paix.............
Le Seigneur ne tarda pas davantage à le retirer de ce monde pour le faire entrer dans une
meilleure vie. Il mourut de la mort du juste ,
et sans agonie , le 19 juillet 1816, onze jours
après son arrivée.

Instruits du rétablissement de leur chère solitude, les anciens Religieux qui n'étaient re-
tenus par aucun obstacle s'empressèrent de
venir se joindre à ceux qui avaient accueilli
le R. P. Général. Les autres y vinrent aussi à
mesure qu'il leur fut possible de le faire , et
c'est ainsi que se forma la nouvelle communauté qui est enfin devenue telle qu'on la voit
aujourd'hui.

Les voilà donc rendus à leur précieuse demeure ces pauvres Solitaires, après une absence de vingt-trois ans et huit mois ! Mais
dans quel état le trouvèrent-ils ce Monastère
autrefois si florissant? Vitraux brisés , portes
enfoncées et sans serrures, cloisons renversées , cellules dévastées , toits dégradés , murs

souillés par des mains profanes ; l'église et les chapelles, tout, à quelques exceptions près, offrait l'image de la spoliation. Autels, chandeliers, lampes, tableaux, cloches, horloge, stalles, boiseries des deux chœurs, etc., etc., tout avait disparu. Il fallut songer aux réparations les plus urgentes, celles qui regardaient le service divin. Les autres se firent peu à peu, à mesure que la Providence envoyait des secours ; et l'on reprit enfin avec joie toutes les observances de la vie religieuse, conformément aux statuts de l'Ordre qui ne varient jamais. On procéda aussi à l'élection d'un nouveau Supérieur (s) dont la place était devenue vacante par la mort de Dom Moissonnier.

(s) Le Supérieur, dans toutes les Chartreuses, porte le titre de *Prieur* ; mais celui de la Grande-Chartreuse est de plein droit Supérieur général de l'Ordre ; toutes les maisons de Chartreux reconnaissent sa juridiction et son autorité. Il ne prend néanmoins pour l'ordinaire que le titre de *Prieur de Chartreuse*. On lui donne toujours celui de *Révérend Père*, et aux autres Religieux de chœur celui de *Vénérable*.

§ IV.

PREMIÈRE SUITE

DE L'ARTICLE PRÉCÉDENT.

✥✥✥

TOUT ce qu'on vient de raconter se trouvait étroitement lié à notre sujet : revenons maintenant aux premières cellules des enfants de Saint Bruno et poursuivons l'histoire du Monastère. Il y avait quarante-neuf ans que ces premiers disciples du saint Fondateur de l'Ordre habitaient les lieux que leur bienheureux Patriarche leur avait choisis et que Saint Hugues avait embelli de toutes constructions propres à leur genre de vie, lorsqu'au 30 janvier 1133, sous le gouvernement du Vénérable Guigues, 5e Prieur de la Grande-Chartreuse, le cloître et les cellules, à l'exception d'une seule, furent renversés par une avalanche. Six Religieux et un Novice périrent sous les ruines. Après ce terrible accident, le Vénérable Prieur se contenta de conserver l'E-

glise (*t*), et vint s'établir avec ce qui restait
de sa communauté dans l'endroit où se trouve
actuellement la Grande-Chartreuse. Un de ses
premiers soins fut d'y amener par un aqueduc
de pierre, qui subsiste encore, les eaux de la
fontaine dite de Saint Bruno. Ce nouveau Monastère ne fut d'abord que de bois, comme
l'avait été le premier, à l'exception de l'église
qui forme aujourd'hui le chapitre des Religieux. Saint Anthelme, 7ᵉ Général de l'Ordre,
puis Evêque de Belley, dans le 12ᵉ siècle, fit
jeter les fondements du grand cloître; mais il
ne fut achevé que dans le 15ᵉ siècle par les libéralités de Marguerite, duchesse de Bourgogne. C'est dans cet ouvrage que règne l'ar-
chitecture gothique, si admirée de tous les
connaisseurs, et qui a échappé aux incen-
dies dont nous allons parler. Le Monastère
prit dans la suite de nouveaux accroissements;
mais il fut incendié jusqu'à huit fois, entre

(*t*) Cette Eglise, dédiée à la Très-Sainte Vierge, fut
toujours appelée depuis Notre-Dame de *Casalibus*,
afin de perpétuer le souvenir des cabanes ou cellules
en bois qui avaient servi d'habitations, dans les commencements de l'Ordre, à Saint Bruno et à ses compagnons.

autres l'an 1562 par les calvinistes qui le pillè-
rent, et l'an 1676, sous le généralat de Dom
Le Masson qui le fit rebâtir tel qu'on le voit
aujourd'hui, et tel que nous allons le parcourir
pour examiner en détail les différentes parties
qui le composent. Nous nous transporterons
de nouveau pour cela vers la porte du Monastère, et nous remarquerons en entrant la
pharmacie à droite, sur la même ligne que la
demeure des portiers; à gauche est un petit
bâtiment qui a sa destination particulière.

En traversant la grande cour, on voit deux
bassins circulaires qui lançaient autrefois leurs
eaux claires et limpides à une hauteur de 7 à
8 pieds. Il surgit à peine aujourd'hui un filet
d'eau du premier; le second porte encore des
traces d'une destruction bien réfléchie. Les
conduits, négligés pendant l'absence des Solitaires, ont besoin d'être réparés; la Communauté
ne saurait aujourd'hui entreprendre une telle
dépense, et cependant les eaux qui se perdent
sous le Monastère, donnent lieu de craindre
qu'elles ne causent sourdement un dommage
considérable.

Au fond de la cour se présente la façade de
la maison qui est belle et solidement bâtie,

sans avoir rien de magnifique , rien qui blesse
la simplicité religieuse , et un corridor de 381
pieds de long , qui en est , pour ainsi dire ,
comme le vestibule , parce que c'est à lui que
viennent aboutir toutes les voies de communication avec les autres parties du Monastère.
On remarque à l'entrée de ce corridor , qui est
large et spacieux , quatre grands pavillons qui
servaient autrefois à loger les Prieurs qui venaient au chapitre général , et qui sont réser-
vés aujourd'hui pour le logement de MM. les
étrangers. En suivant ce même corridor , on
trouve sur la droite les cellules des officiers de
la maison , et qui forment autant de petits pavillons que l'on aperçoit du dehors sur la face
latérale du Monastère. A gauche et vis-à-vis ,
on rencontre d'abord la chapelle de famille ,
ainsi appelée , parce que là se réunissent tous
les jours les Frères , les ouvriers et les domestiques du Monastère pour y remplir les devoirs
de la Religion , et recevoir , les dimanches et
fêtes , les instructions chrétiennes que quelques Religieux sont chargés de leur adresser.
Vient ensuite l'Eglise qui date du 15ᵉ siècle ; elle
n'a rien de remarquable qu'un grand goût de
décence , de propreté , de simplicité. Le pre-

mier chœur en entrant est celui des Frères ;
le second est celui des Pères. La seule chose
qui fasse une impression désagréable au
premier coup-d'œil , c'est la boiserie de ces
deux chœurs, si peu en harmonie avec celle
du Sanctuaire ; les Solitaires ont été obligés
jusqu'à ce jour de sacrifier cette uniformité à
des besoins plus pressants. Au surplus , ils ont
fait ce qui était en leur pouvoir pour procurer
à leur Eglise , qu'ils ont retrouvée dépouillée
de tout , le précieux avantage d'avoir au moins
aujourd'hui ce qui est convenable et nécessaire
à la majesté du culte divin. C'est à la pieuse
libéralité de quelques personnes généreuses
que cette Eglise doit son maître-autel et tous
ses accompagnements , les deux lampes argen-
tées , suspendues l'une dans le Sanctuaire,
l'autre dans le grand chœur , et la principale
cloche du Monastère , du poids de 1300 livres :
c'est elle qui donne régulièrement, soit de jour,
soit de nuit , le signal des divins offices.

A la suite de l'Eglise se trouve le petit cloître , le réfectoire, la cuisine , la dépense , et à
l'extrémité du corridor l'habitation du R. P.
Général d'un côté, et la bibliothèque de l'autre. Cette bibliothèque, telle qu'elle existe au-

jourd'hui, s'est formée peu à peu des ouvrages que les Solitaires ont apportés en se réunissant, et de ceux qu'ils ont reçus en dons. Quoiqu'elle renferme déjà plus de 5ooo volumes, il s'en faut bien qu'elle soit comparable à l'ancienne, dont il n'est resté aucun vestige, et qui était si précieuse par les richesses littéraires qu'elle renfermait, surtout en manuscrits. Elle contient néanmoins, en général, tout ce que l'on peut désirer : Ecriture sainte, Commentaires, Saints Pères, Auteurs ecclésiastiques, Conciles, Droit canonique et civil, Philosophie, Théologie, Histoire sacrée et profane,... Ouvrages de controverses, Vies des Saints, Sermonaires, Physique, Agriculture, Médecine, Chirurgie, Pharmacie, Littérature, un bon nombre d'ouvrages qu'on peut appeler *Miscellanea*, des manuscrits de l'Ordre des Chartreux, etc.; enfin, une grande quantité de livres ascétiques.

Derrière les édifices dont nous venons de parler, est le grand cloître formant un carré long, éclairé par 130 fenêtres, et que la nature du local a forcé de construire sur un plan incliné. Il a 673 pieds de longueur sur 72 de largeur, ce qui donne un circuit de 1490 pieds;

on ne peut le voir et le parcourir sans étonne -
ment. Deux personnes, placées à chacune des
extrémités, ne sauraient se reconnaître. Les cellules sont au nombre de 36, et séparées les unes
des autres par un petit jardin. Elles ont toutes
un oratoire, un cabinet d'étude et une petite
bibliothèque, un laboratoire et ce qui est d'ailleurs indispensablement nécessaire. Tout y
respire la pauvreté ; il en est de même des
cellules des officiers, et jusque dans l'appar-
tement du R. P. Général. On ne voit nulle part
ni or, ni argent, ni soie, ni tapisserie, ni meubles recherchés. A peine y a-t-il dans la maison
quelques fauteuils antiques et des plus com-
muns pour le soulagement des infirmes. Cet
état de choses, au surplus, n'est pas le résul-
tat du défaut de ressources pécuniaires : il a
toujours existé dans l'Ordre et principalement
à la Grande-Chartreuse, même dans les temps
où elle passait pour avoir une certaine aisan-
ce (*u*).

(*u*) Cet exposé fidèle s'accorde bien peu avec ce qui
est rapporté dans un *Itinéraire de Grenoble à la
Grande-Chartreuse*, en l'absence des Solitaires.

« Partout, y est-il dit, en parlant du Monastère, des

Au milieu du grand cloître est situé le cimetière des Religieux et la chapelle des morts, édifice qui date de l'an 1370, et où furent transférés les ossements des premiers Char-

---

» débris de meubles magnifiques frappaient nos re-
» gards, et nous présentaient le singulier contraste de
» tout l'appareil du luxe au milieu des apprêts de la
» pénitence et du séjour des privations. » — Ce qu'il
y a de positif, c'est que les Solitaires, à leur rentrée,
n'ont trouvé aucune trace de *ces magnifiques débris
qui frappaient partout les regards* !! Ce qui est également certain, c'est que jamais *l'appareil du luxe*, ni
même *l'apparence du luxe* n'a existé à la Grande-
Chartreuse ; nous l'affirmons, et notre témoignage ne
sera contredit par aucune des personnes encore vivantes qui ont visité autrefois ce séjour. L'auteur ajoute :
« ... Là on voit encore de longues tables de marbre... »
Ces *longues tables de marbre* se bornent à une seule
qui est à la cuisine, et qui n'a de particulier que sa
longueur, qui est de 25 pieds, mais d'une qualité, du
reste, très-commune. Elle servait autrefois comme aujourd'hui à entreposer les aliments ; et l'on ne s'étonne
pas de cette *longueur* quand on sait qu'il y avait plus
de 200 personnes à nourrir, c'est-à-dire une quarantaine de Religieux de chœur, les Frères convers, les
Frères donnés, les ouvriers et les domestiques, et
MM. les étrangers, en très-grand nombre pendant toute
la belle saison.

treux qui se trouvaient à Notre-Dame de *Casalibus*. On y voit avec douleur les croix de
pierre qui avaient été plantées sur les tombes
des Généraux de l'Ordre, renversées ou bri-
sées, malheureux fruits d'une impiété sacri-
lége poussée jusqu'à la fureur. La grande croix
du cimetière n'avait pas été épargnée; mais
les Religieux ont eu soin de la rétablir.

On va du grand cloître à la salle capitulaire,
où se tenait régulièrement toutes les années
le chapitre général de l'Ordre, auquel tous les
Prieurs pouvaient se rendre, bien qu'il n'y
eût d'obligation que pour un petit nombre
d'entre eux qui devaient nécessairement s'y
trouver, à moins qu'ils n'en fussent empêchés
pour des raisons légitimes, et dans ce cas ils
étaient remplacés par d'autres (*v*). Cette salle

(*v*) Le dernier chapitre général se tint à Bologne, en
Italie, l'an 1796. Depuis cette époque, les troubles
toujours renaissants ont empêché ces sortes de réu-
nions. Au surplus, les besoins de l'Ordre n'exigent pas
en ce moment aussi impérieusement la tenue des cha-
pitres. Le R. P. Général, qui en a tous les pouvoirs,
veille à ce qu'il y a de plus essentiel dans le peu de
Maisons qui subsistent de nos jours, et leur conserva-
tion dépendra de l'exactitude à garder cette belle ré-

est remarquable par son extrême simplicité :
elle n'a d'autre décoration que les portraits
des Généraux placés à l'entour du plafond, et
au-dessous une copie des tableaux de Le Sueur.
Elle avait été d'abord enlevée de la Chartreuse
avec tout le reste ; on la lui rendit en 1821 ; elle
est estimée des connaisseurs. Une tradition,
dont nous ne garantissons pas l'authencité,
porte qu'elle a été retouchée par Le Sueur lui-
même. Après avoir lu la vie de Saint Bruno,
il est facile de reconnaître le sujet de chaque
tableau ; mais, pour en rafraîchir la mémoire,
nous en donnerons tout à l'heure une courte
explication, ajoutant seulement, quand il en
sera besoin, quelques observations indispensables pour plus d'exactitude et de vérité dans
les faits. Achevons auparavant le peu qui nous
reste à parcourir du Monastère.

A la sortie de la salle capitulaire, on se
trouve dans une galerie où l'on voit les plans
et les perspectives d'un certain nombre de

---

gularité qui les avait maintenues pendant plus de 700
ans dans leur intégrité et sans qu'il y ait jamais eu lieu
à une réforme : *Cartusia* a dit quelqu'un, *nunquàm
reformata , quia nunquàm difformata.*

Chartreuses : ceux qui manquent ont disparu
en l'absence des Solitaires ; et parmi ceux qui
ont échappé au pillage, plusieurs ont ressenti
les outrages du temps ; mais il paraît que d'autres ont été mutilés par des mains coupables.
Cette galerie aboutit, d'un côté, aux quatre
grands pavillons qui sont à l'entrée du Monastère, et de l'autre à une salle accompagnée de
quelques cellules, et qu'on nomme la *Défi-
nition*, parce qu'elle servait aux Définiteurs
élus pour préparer, discuter et définir les matières, objets du chapitre général. Cette salle
n'a rien de particulier.

---

§ V.

DEUXIÈME SUITE DE L'ARTICLE

MONASTÈRE;

EXPLICATION DE LA VIE DE SAINT BRUNO,

Par **LE SUEUR.**

1er *Tableau.* A la droite du spectateur, im-
médiatement après l'inscription : *Sancti Bru-*

*nonis vita, totius Ordinis Cartusiensis funda-
toris*, anno 1084; le Docteur que la tradition
dit réprouvé, est représenté annonçant la parole de Dieu ; et l'on remarque Saint Bruno
en face du Prédicateur, un livre sous le bras,
écoutant avec une pieuse attention.

Nota. Il est assez probable qu'on se trompe
en avançant que ce personnage est Saint Bruno;
notre Saint avait déjà passé l'âge mûr à cette
époque de sa vie, et le personnage est sous la
figure d'un jeune homme. Il est plus naturel
de croire que Saint Bruno est représenté par
le personnage placé à la droite du jeune homme
et un peu au-dessous. En voici la raison. Si
l'on compare ce personnage avec celui qui re-
présente notre Saint dans les quatre tableaux
suivants, on y verra l'identité, et l'on ne peut
supposer, en effet, que Le Sueur ait été assez
inconséquent pour nous offrir Saint Bruno,
tantôt jeune et tantôt vieux, à des époques si
rapprochées. La pieuse attention qu'on remarque dans le jeune homme, et qui convenait à
Saint Bruno, se retrouve aussi dans le personnage qui est au-dessous, et si l'on considère
que le recueillement le plus profond est encore
exprimé sur sa physionomie et dans tout son

6

extérieur, on aura un nouveau motif pour se convaincre que c'est véritablement lui que le peintre a voulu représenter avec ce nouveau caractère, afin de le mieux désigner. Notre sentiment, après tout, n'est proposé que comme plus vraisemblable.

❊

2ᵉ *Tableau*. Le Docteur est réduit à l'agonie. Saint Bruno, abîmé dans sa douleur, prie pour le moribond, avec qui l'on croit qu'il était uni par les liens de l'amitié.

❊

3ᵉ *Tableau*. Résurrection momentanée du Docteur; il sort à demi de son cercueil pour annoncer qu'il vient d'être accusé, jugé et condamné au tribunal de Dieu. L'effroi se peint sur tous les visages, mais principalement sur celui de Saint Bruno, placé derrière l'officier.

Nous renvoyons, pour ce tableau, à la note qui accompagne le récit du prodige, vie de Saint Bruno, page 19.

❊

4ᵉ *Tableau*. Saint Bruno, profondément recueilli et absorbé devant son crucifix dans la méditation du terrible événement qui vient de se passer sous ses yeux.

✤

5e *Tableau.* Saint Bruno, déterminé à faire un divorce éternel avec le monde, engage les témoins du prodige à partager sa résolution et à le suivre dans la solitude pour ne s'attacher qu'à Dieu seul.

✤

6e *Tableau.* Saint Bruno quitte le monde. Un de ceux qui se sont déterminés à le suivre dans la solitude, fait les derniers adieux à son vieux père, qui le serre dans ses bras avec une tendresse accompagnée de l'émotion la plus sensible.

✤

7e *Tableau.* Apparition de trois anges à Saint Bruno pendant son sommeil. Ils viennent le confirmer dans son projet, lui assurer la protection du Ciel, et lui faire connaître les principales observances qu'il doit établir parmi ses disciples.

Selon toute vraisemblance, l'histoire de cette apparition n'est qu'une agréable et pieuse fic-·

tion : les monuments historiques relatifs à notre Saint n'en font mention nulle part ; mais Dom Zacharie Benedetti, chartreux de Venise, sur la fin du 15e siècle, composa un beau poëme latin d'environ 1200 vers, à la louange de Saint Bruno et de l'Ordre dont il est le fondateur. Le poëte se contente de mettre en marge : *Visio Brunonis verisimilis*, et sur-le-champ, plein de son sujet, il se présente à nous avec un superbe morceau de 130 vers. En homme habile, Le Sueur a profité de cette noble idée, et grâces à son pinceau, la galerie du Saint est enrichie d'un chef-d'œuvre de plus.

8e *Tableau*. Saint Bruno et ses compagnons distribuent leurs biens aux pauvres.

Le tableau suivant, ainsi que le dernier, ou 24e, ne font point partie des compositions de Le Sueur. Il est à présumer que cette addition n'a été faite que pour ne pas laisser de vide dans la salle. Au surplus, il ne sont pas étrangers à la vie de Saint Bruno, ils en font même partie intégrante. Le sujet est un songe dans lequel Saint Hugues voit sept étoiles qui s'avancent vers le Désert de Chartreuse. La

vision prophétique ne tarda pas à se vérifier.
C'est par erreur, toutefois, que les artistes re-
présentent toujours le saint Evêque de Grenoble sous la figure d'un vieillard ; Saint Hugues n'était âgé que de 32 ans lorsque Saint
Bruno et six de ses amis vinrent à Grenoble ;
il avait été élevé sur le siége épiscopal de cette
ville à l'âge de 28 ans.

9ᵉ *Tableau.* Arrivée de Saint Bruno et de ses
compagnons à Grenoble. Ils se présentent à
l'Evêque, et, prosternés à ses pieds, ils le prient
de leur accorder dans son diocèse un lieu désert où ils puissent se dévouer entièrement au
Seigneur. Saint Hugues reconnaît dans ces
nouveaux Solitaires l'accomplissement du songe qu'il avait eu la veille même de leur arrivée;
et c'est pour faire allusion à ce songe que Le
Sueur a représenté sept étoiles au-dessus de
leurs têtes. Le saint Prélat les accueille affec-
tueusement, et leur accorde avec joie ce qu'ils
désirent.

10ᵉ *Tableau.* Saint Bruno et ses compagnons s'acheminent, sous la conduite de Saint

Hugues, vers le Désert de Chartreuse où ils vont s'établir.

✤

11ᵉ *Tableau*. Un architecte présente à Saint Bruno le plan d'un Monastère.

Le sujet est purement idéal : le Monastère ne fut bâti qu'un ou deux mois après, et l'on n'y employa presque pas d'autres matériaux que le bois qu'on avait à discrétion.

✤

12ᵉ *Tableau*. Saint Bruno et ses compagnons reçoivent l'habit religieux des mains du saint Evêque de Grenoble.

✤

13ᵉ *Tableau*. Le souverain Pontife Victor III approuve en plein consistoire l'Institut des Chartreux.

✤

14ᵉ *Tableau*. Saint Bruno donne l'habit de son Ordre aux nouveaux prosélytes qui sont venus s'associer au genre de vie de ses premiers disciples.

15ᵉ *Tableau.* Saint Bruno lit un Bref qu'un messager du Pape Urbain II vient de lui remettre, et qui l'invite à se rendre à Rome.

✤

16ᵉ *Tableau.* Saint Bruno, arrivé devant le souverain Pontife, se prosterne à ses pieds et les lui baise avec respect.

✤

17ᵉ *Tableau.* Le Pape veut nommer Saint Bruno à l'archevêché de Reggio dans la Calabre : le Saint refuse cette éminente dignité pour aller vivre inconnu aux hommes dans un désert de la même province.

✤

18ᵉ *Tableau.* Saint Bruno et les Solitaires qui se sont retirés avec lui dans le désert de Calabre, s'occupent alternativement de la prière et du travail, observant dans cette seconde Chartreuse le même genre de vie que dans celle du Dauphiné.

✤

19ᵉ *Tableau.* Roger, Comte de Calabre, interrompt le serviteur de Dieu qui était en

oraison. Il témoigne son respect au saint Solitaire en descendant de cheval et fléchissant le
genoux devant lui, tandis que Saint Bruno le
regarde avec surprise.

Bien des auteurs qui se sont copiés les uns
les autres, sans avoir examiné les faits, sup-
posent que le Comte Roger étant à la chasse,
les aboiements des chiens lui firent découvrir
la retraite de Saint Bruno, et que ce Prince,
édifié et satisfait d'une telle rencontre, lui
abandonna la possession du désert ; mais il est
constant que ce religieux seigneur avait connu
Saint Bruno, et lui avait fait donation de cette
solitude tandis qu'il était encore auprès du
souverain Pontife. Ce récit n'est cependant pas
fabuleux : il se rattache à une autre circon-
stance, dans laquelle le Comte Roger venait
remercier le Saint de l'avoir averti de la tra-
hison de quelques-uns de ses officiers qui
allait le perdre s'il n'eût prévenu l'exécution
du complot. Au reste, cette entrevue a pu
se faire sans le concours d'aucune circon-
stance bien marquante. Quoi qu'il en soit, le
peintre a vu dans cette rencontre inattendue
une belle occasion d'animer son pinceau et
de rendre visible le sentiment d'admiration et

de respect qu'on attribue au Comte Roger ; il y a parfaitement réussi.

❊

20ᵉ *Tableau*. Saint Bruno apparaît en songe au Comte Roger qui faisait le siége de Capoue, et lui découvre qu'un de ses officiers est sur le point de le trahir. Le Comte effrayé se réveille en sursaut, saisit son épée, et paraît dans l'attitude d'un homme qui veut s'élancer hors du lit.

Si la conjecture émise au 19ᵉ tableau se trouve fondée, il y aurait ici anachronisme ; car il est évident que l'apparition a précédé l'action de grâces pour le service rendu ; mais il n'y aurait qu'un simple changement de place à effectuer dans ces deux chefs-d'œuvre, pour remettre toutes choses dans l'ordre.

❊

21ᵉ *Tableau*. Bienheureuse mort de Saint Bruno. C'est au milieu de ses Disciples, qui ont recueilli ses dernières instructions, qu'il passe tranquillement de la vie de ce monde à l'éternelle félicité.

22ᵉ *Tableau*. Saint Bruno est transporté au Ciel par un groupe d'Anges, pour y recevoir la récompense due à ses vertus.

Il est bien évident que Le Sueur n'a pas prétendu faire une assomption ou enlèvement au Ciel, mais représenter dans un tableau figuratif l'âme de notre Saint allant, au sortir de cette vie mortelle, se réunir à son Dieu.

Le dernier ou 24ᵉ tableau, ainsi que nous l'avons déjà fait observer au 8ᵉ, ne fait point partie des compositions de Le Sueur. Le sujet de celle-ci est une assemblée de Cardinaux, présidée par Léon X (en 1514), dans laquelle on autorise les Chartreux à rendre un culte religieux à leur Saint Fondateur, à honorer ses reliques et à célébrer annuellement sa fête. Ce culte ne fut étendu à toute l'Eglise que sous Grégoire XV, en 1623.

—

Nota. Nous aimons à croire qu'à la suite de ces explications on lira avec intérêt une notice sur Le Sueur.

§ VI.

NOTICE

Sur Le Sueur.

❊❊❊

Eustache Le Sueur naquit à Paris en 1617.
Il était fils d'un sculpteur originaire de Mont-
didier en Picardie. « Il étudia, disent les auteurs du Dictionnaire historique par une société de gens de lettres, sous Simon Vonet,
qu'il surpassa bientôt par l'excellence de ses
talents. Ce savant artiste n'est jamais sorti de
son pays; cependant ses ouvrages offrent un
grand goût de dessin, formé sur l'antiquité
et d'après les plus grands peintres italiens.
Un travail réfléchi, soutenu d'un beau génie,
le fit atteindre au sublime de l'art. Il n'a manqué à Le Sueur, pour être parfait, que le pinceau de l'école vénitienne. Son coloris aurait
eu plus de force et de vérité, et il aurait mon-
tré plus d'intelligence du clair-obscur. Ce
peintre fit passer dans ses tableaux la noble
simplicité et les grâces majestueuses qui sont

le principal caractère de Raphaël. Ses idées sont élevées, son expression est admirable, ses attitudes sont bien contrastées. Il peignait avec une facilité merveilleuse. On remarque dans ses touches une franchise et une fraîcheur singulière. Ses draperies sont rendues avec un grand art. Le Sueur avait dans les mœurs cette simplicité de caractère, cette candeur et cette exacte probité qui donnent un si grand prix aux talents éminents. »

Parmi les sujets religieux auxquels Le Sueur consacra son pinceau, on distingue surtout son fameux tableau de la *Prédication de Saint Paul à Ephèse*, qui est au-dessus de tout éloge. On cite encore comme autant de chefs-d'œuvre une *Salutation angélique*, un *Portement de Croix*, une *Descente de Croix*, *Jésus-Christ ressuscité apparaissant à Madeleine*, *Saint Gervais*, *Saint Protais* traînés devant les idoles pour leur offrir de l'encens. Tous ces ouvrages avaient été faits pour différentes églises de Paris : nous ignorons s'ils ont échappé aux exploits de la Révolution.

Il est moralement certain que Le Sueur n'aurait peut-être jamais pensé à représenter la vie de Saint Bruno, sans un événement

particulier qui lui devint une occasion bien
favorable pour traiter ce grand sujet. On était
dans l'usage, au 17ᵉ siècle, de récompenser
les savants, les hommes de lettres et les artistes, en leur donnant des emplois dans le fisc
et la finance. Nous lisons dans une notice sur
Le Sueur, imprimée en 1822, qu'il en eut un
d'inspecteur des recettes aux entrées de Paris. C'est dans l'exercice de cet emploi, à la
barrière de l'Oursine, qu'il eut à repousser
l'injure faite à un de ses subordonnés par un
gentilhomme. Insulté lui-même, il demanda
satisfaction par les armes. Le cartel fut d'a-
bord reçu avec mépris; mais Le Sueur se
nomma, et l'agresseur qui l'avait souvent ad-
miré dans ses ouvrages, consentit à une répa-
ration. Ils se rendirent à l'instant sous les murs
de l'enclos des Chartreux (dans le voisinage
de la rue d'Enfer), et l'artiste eut la malheu-
reuse adresse de tuer son adversaire d'un coup
d'épée. Le Sueur se retira dans le couvent
même des Chartreux, qui lui donnèrent asile
jusqu'à ce qu'on eût apaisé la famille du gentilhomme. L'hospitalité de la religion ne fut point
perdue pour l'art. Dans le silence de cette Thébaïde (dont il ne reste plus aujourd'hui au-

cune trace), déchiré par les remords que lui causait sa funeste victoire, il comparait la triste agitation de son cœur avec le doux calme dont il était environné. Vivement ému par un contraste si frappant, naturellement enclin d'ailleurs aux idées sérieuses et profondes qu'inspire la Religion, Le Sueur dut sans doute à sa retraite les premières inspirations de son admirable Cloître (c'est encore sous ce nom qu'on désigne sa vie de Saint Bruno). Il est aussi bien probable qu'il fut engagé par les Chartreux eux-mêmes à profiter de son loisir dans leur maison pour commencer ce grand ouvrage. Les vingt-deux tableaux furent achevés en moins de trois années, et mirent le comble à la réputation de Le Sueur, qu'on surnomma depuis le Raphaël de la France.

Sa santé cependant s'altérait peu à peu, son application assidue au travail, ses études continuelles et ses nombreuses productions avaient épuisé ses forces; il finit par tomber dans une maladie de langueur. Dépourvu des biens de la fortune que ses talents supérieurs auraient cependant dû lui rendre favorable, veuf et sans enfants, il se retira chez les Chartreux, ses bons et fidèles amis, qui l'accueillirent

avec une religieuse cordialité. Il mourut en
1655, au milieu de sa carrière, n'étant âgé
que de 38 ans, et fut inhumé dans l'église de
Saint-Etienne-du-Mont. Qui le croirait? dans
un siècle privilégié où les sciences et les arts
florissaient éminemment, ce grand génie n'eut
pour mausolée qu'une pierre avec la plus simple épitaphe. Quant à nous, c'est pour payer
le plus juste des tributs à la mémoire de ce fameux peintre dont le nom rappellera toujours
celui de Saint Bruno et les anciens Chartreux
de Paris, que nous avons consigné cette notice dans cet ouvrage.

§ VII.

TROISIÈME SUITE

DU MONASTÈRE.

DESCRIPTIONS EN VERS ET EN PROSE.

REVENONS maintenant sur nos pas, et re-
tournons à l'article du Monastère, que nous

avions presque entièrement perdu de vue. Il
y manquerait une chose bien essentielle, comme aussi à l'article du Désert, si nous omet-
tions les vers du Père Mandar, oratorien, sur
la Grande-Chartreuse. Ce fut en 1755 qu'il
les composa, à l'occasion d'un voyage qu'il fit.
On admirera sans doute la beauté de sa poésie.
Un autre oratorien, le Père Viel (x), connu
dans la République des Lettres par son élé-

(x) Beaucoup de personnes aujourd'hui ne savent
pas ce que c'étaient que les Oratoriens ou Pères de
l'Oratoire ; nous croyons leur être agréables en ajoutant ici une note sur cette célèbre Congrégation.

Saint Philippe de Néri avait formé à Rome, en 1564,
une réunion d'Ecclésiastiques dont le zèle ne se bornait pas à leur propre sanctification, mais qui travail-
laient encore avec un parfait dévouement à celle du
prochain. Ils vivaient en communauté, sans être liés
par aucun vœu, se contentant d'observer avec fidélité
les règlements qu'ils avaient reçus de leur saint Fondateur. On les nomma *Oratoriens*, des mots latins
Oratio, Prière, ou *Orare*, prier, parce qu'à certaines
heures, le matin et le soir, ils réunissaient le peuple
à l'église pour la Prière, qu'ils accompagnaient de
quelques instructions. En Italie, on les nomma plus
communément *Filippini*, du nom de leur saint Instituteur. Le savant et pieux Cardinal de Bérulle fonda

gante traduction des Aventures de Télémaque en vers latins hexamètres, a aussi traduit de la même manière la belle production du Père Mandar, sur la Chartreuse. Nous allons les placer ici l'une et l'autre en regard, afin de ne rien laisser perdre aux personnes familiarisées avec la langue des Horace et des Virgile.

à Paris, en 1611, une Congrégation à peu près semblable et sous la même dénomination. Quoiqu'ils ne fussent pas dans la classe des Ordres religieux, on leur donnait le nom de *Pères*, comme aux Oratoriens d'Italie. Cette illustre Congrégation avait plusieurs séminaires sous sa direction, et des colléges pour l'instruction des jeunes gens. Quelques-uns de ses membres s'adonnaient aussi à la prédication et aux missions. Elle a produit un grand nombre d'hommes distingués par leurs vertus, leur science et leurs écrits, entre autres le célèbre Massillon que son mérite et ses talents portèrent sur le siége épiscopal de Clermont en Auvergne. On a justement reproché à plusieurs de ses membres d'avoir donné dans les erreurs du jansénisme; mais la totalité de la Congrégation resta toujours attachée à la doctrine de l'Eglise et aux décrets des souverains Pontifes : elle fut supprimée à l'époque de la Révolution, et eut cela de commun avec tous les établissements ecclésiastiques ou religieux.

§ VII.

CARTUSIÆ MAJORIS

POETICA DESCRIPTIO

Autore P. **VIEL**, ex Oratorio. 1775.

✻

(Ex poesi gallicâ Ptris MANDAR, in latinam versa.)

JAM decrescebant Eynardi proxima cœlo
Culmina, jam Sape valles ostenderat atras :
Fugerat ex oculis jam Dracus et Isara ; tandem
Cùm terras, Alcippe, sacras citus afferor. Ædes
Ut vidi tenebris et Relligione tremendas (*γ*).
Nec mora : divinâ trepidat formidine pectus.
Intùs enim vox nescio quæ mihi dicere visa est
Montibus his pacem mediis habitare beatam.
Progredior : geminæ vastæque minantur eunti
Fornicis in morem sublimi vertice rupes.
Has ego crediderim sic stare per aëra magnum
Ingentes, ne quis properet violare latebras.
Sœvit hiems circùm, et validis radicibus hærent

(*γ*) L'entrée du Désert, du côté du Sapey.

§ VII (bis).

PREMIÈRE DESCRIPTION POÉTIQUE

DE

LA GRANDE-CHARTREUSE,

Par le P. **MANDAR**, oratorien.

An 1775.

Déja de Saint-Eynard disparaissaient les cimes ;
J'avais du noir Sapey contemplé les abîmes,
Et le Drac et l'Isère avaient fui de mes yeux,
Quand enfin j'arrivai, cher Alcippe, en ces lieux.
Dès que j'en aperçus l'auguste et sombre entrée (y),
Mon âme de respect soudain fut pénétrée ;
Je ne sais quelle voix semblait dire à mon cœur
Qu'au sein de ces rochers habitait le bonheur ;
J'avance : deux grands monts sur moi courbés en voûte,
De leur front sourcilleux intimident ma route :
Tous deux fiers, imposants, semblent, du haut des airs,
Interdire aux humains l'abord de ces déserts.
L'aquilon bat leurs flancs, et leurs bases profondes,

(y) L'entrée du Désert, du côté du Sapey.

Gurgitis indigetes, pronæque in tartara tendunt.
Illúc multa movens subeo quà semita monstrat
Cæca, silens, nemorum pedetentim ingressus opaca.
Horrida quàm pulchrè facies! quàm pompa locorum
Hispida! naturæ majestas splendida quantùm
Hìc patet! hic magnâ sapientem voce morantur
Valles et latebræ silvarum, amnesque profundi,
Lurida nox, colles, fragor, antra, silentia, terror.
Non horti, aut vallum, non mœnia : pinea tantùm
Amphitheatrali surgit procul aggere silva.
Immensas inter, reboantia saxa, ruinas,
Lapsibus effusi tot mille strepentibus amnes,
Alituum pinnata cohors, Aquilæque feroces
Et Milvi, Boreæ cum murmure, sibila miscent.
Hinc atque indè notis convulsa furentibus arbos,
Disjectæ rupes, et plurima mortis imago,
Collesque et vasti, nive cana cacumina, montes
Attonitos mirâ rapiunt dulcedine sensus.

Addit ad hæc humana suas Industria vires,
Astupet undè magis mens, et sublimior exit.
Namque oculis ardens, nudatus brachia, passis
Crinibus accendit varias Labor impiger artes;
Non illas equidem quas partu enixa nefando
Luxuries dedit; at primo quas mater ab ævo
Natura in nostros placabilis extulit usus.
Hìc quanquàm desævit hiems, cultuque fimoque
Dediscit steriles, infelix fundus, avenas.
Quæ passim ludunt latos armenta per agros
Pinguia, lac niveum niveo cum vellere fundunt.
Hìc linum volvunt, hìc ducunt stamine lanas.

Voisines des enfers, se cachent sous les ondes.
Je franchis tout pensif ce passage effrayant,
Et dans l'ombre des bois je m'enfonce à pas lent.
Quelle beauté sauvage et quelle horreur pompeuse !
Que la nature est là grande et majestueuse !
L'épaisseur des forêts, la profondeur des eaux,
Les immenses vallons, les antres, les coteaux,
L'obscurité, le bruit, la terreur, le silence,
Tout dans ces vastes lieux parle à l'homme qui pense.
Un long amphithéâtre orné de vieux sapins,
Y tient lieu de remparts, de murs et de jardins :
Mille torrents tombant par cascades bruyantes
A travers les débris des roches mugissantes ;
Les oiseaux à grand vol, les aigles, les milans,
Joignant leurs cris aigus au sifflement des vents,
Les arbres fracassés par l'effort des orages,
L'éboulement des rocs et leurs tristes ravages,
Les collines, les monts de frimats couronnés....
Ce spectacle plaisait à mes sens étonnés.
   L'homme à ces grands objets mêlant son industrie,
Redouble la surprise, élève le génie.
L'œil ardent, les bras nus et les cheveux épars,
On voit là le Travail animer tous les arts,
Non ces arts dangereux que le luxe féconde,
Mais ceux que les mortels aux premiers jours du monde,
Contraignant la nature à seconder leurs soins,
Ont su par mille efforts créer pour leurs besoins.
Par le soc et l'engrais, là malgré la froidure,
Le plus aride sol se prête à la culture ;
D'innombrables troupeaux au milieu des vallons
Fournissent tour à tour leur lait et leurs toisons.

Parte aliâ , nemorum per opaca , et Pinus et Ilex
Procumbunt summo disjectæ à vertice montis.
Non procul immensi sternuntur pontibus amnes :
Undique dexteritas juvat officiosa laborem.
Nunc tonat icta incus , nunc stridet lamina serræ :
Æstuat æs liquidum accensis fornacibus : igni
Atque auræ mora nulla : ruunt per littora fluctus
Præcipites, ac mille rotas versantque moventque.
Libramenta , tudes , ferramentique tumultus ,
Torrentumque minæ , quas icta repercutit Echo (z) ,
Organaque et vectes et machina : tanta ruinas
Inter pompa , mihi sensus , Alcippe , fatebor
Percutit immotos : rapitur mortalia suprà
Ebria mens, variâque micans vertigine fervet.
Captus amore loci , vaga per deliria , terræ
Trans fines videor magnum per inane morari
Hìc ubi naturam cahos excipit. Ilicèt ardens
Confusum vates decus æquiparare canendo

(z) On dirait presque , en lisant cette belle et élégante tirade sur
les diverses usines et le fracas qu'elles produisent , que le Désert a
été transformé en un vaste atelier où des milliers d'hommes robus-
tes et laborieux s'emploient à mettre en jeu des machines sans fin.
Mais tout le monde sait le génie de la poésie ; et ces agréables exa-
gérations, nous aimons à le croire, n'induisent personne en erreur.
Il était bien tout naturel qu'à une époque où les Chartreux avaient
des forêts à exploiter et peu de moyens de placer ailleurs avec
avantage ces masses de bois qu'il fallait ou brûler ou laisser pourrir
inutilement, ils eussent quelques usines telles que martinets ou fon-
deries , et les autres Chartreuses qui se trouvaient dans les bois en
offraient aussi des exemples , avant la révolution de 93 ; mais il y a

Là se file le chanvre , ici s'ourdit la laine ;
Plus loin dans les forêts le pin , l'orme et le frêne
Roulent du haut des monts , par la hache abattus :
Sur des gouffres ailleurs des ponts sont suspendus.
Partout au mouvement l'adresse s'associe,
Ici tonne l'enclume , et là frémit la scie.
Dans le flanc des fournaux par Eole allumés
On entend bouillonner les métaux enflammés :
Le feu , l'air , tout agit, et le long des rivages ,
Les flots précipités font mouvoir cent rouages :
Le bruit des balanciers , des forges , des marteaux
Le fracas des torrents doublé par les échos,
Les ressorts , les leviers et le jeu des machines (z)
Un si grand appareil au milieu des ruines.....
Je te l'avoue , Alcippe , à cet aspect frappant ,
Je deviens immobile : un profond sentiment ,
Mêlé tout à la fois de plaisir et d'extase,
S'élève dans mon âme , il m'échauffe , il m'embrase :
Je ne peux plus quitter ces respectables bords,

---

loin de ce qui existait effectivement à ces peintures agréables où l'on entrevoit par milliers les roues, les leviers, les marteaux et tout ce qu'entraîne la construction de ce que l'on nomme Haut-fourneau. C'est le mérite de ces vers qui engage à ne pas en frustrer le lecteur ; il saura apprécier ces tableaux rapides et animés, sans oublier toutefois que jamais il n'y eût en Chartreuse qu'un fort petit croquis de toutes ces peintures gigantesques élégamment couchées sur le papier ; et que depuis plus de 4o ans , dépouillés de leurs biens, les Chartreux n'ont certainement pas la peine de voir leurs *fourneaux par Eole allumés, ni bouillonner les métaux enflammés.*

Ausus eram ; cùm nox terras humentibus umbris
Involvens rapit hinc meditantem ac magna moventem.
Ergò ingressus iter quà se via pandit eunti ;
Deserti nemoris delabor ad intima præceps.

Collis ad ima fluens, scatet undè argenteus amnis,
Cingunt circuitu latissima mœnia longo
Continuas ædes placidasque et partibus æquis
Dimensas , formâque pares ac simplice cultu.
In medio surgit , sedes sanctissima , Templum ,
Quo pietas demissa oculos suspiria ducit
Semper : eam circùm sacros fixêre penates
Virtus atque fides , cœli quas pascitur ardor :
Assidet his verum exultans : procul indè relegant
Turbasque et pravos austera silentia mores.
Scis , Alcippe , quidem scis ùt regionibus olim
Fixerit his claros Brunonis gratia gressus.
Intulit hæc olli flammam cum lumine , mentem
Collustrans radiis , animum simul igne repurgans.
Huic dedit ad cœlum non trito tendere calle,
Atque hæc tesqua novâ virtutum accendere famâ.
Nec mora : sponte suâ, hæc inter spelæa ferarum ,
Undique Brunonis sacra sub vexilla volare
Discipuli, impigra gens, gens obsequiosa magistri
Imperiis, addicta sacras ediscere leges.
Adfuit hùc fugiens turbati pectoris æstus ,

J'imagine, au milieu de mes heureux transports,
Exister loin du monde en cet abime immense
Où finit la nature et le chaos commence.
J'allais dans mon ardeur faire éclater des chants,
A tout ce beau désordre égaler mes accents ;
Mais la nuit de son voile obscurcissant les plaines
Vient et m'arrache, Alcippe, à ces sublimes scènes.
Je prolonge ma route où l'espace est ouvert,
Et bientôt je pénètre au centre du Désert.
　　Au pied de longs coteaux d'où coule une onde pure,
Il est dans le contour d'une vaste clôture
Un assemblage heureux de tranquilles foyers,
Simples, et dans leur forme égaux et réguliers.
Un temple est au milieu, retraite où l'on n'admire
Que l'humble piété qui sans cesse y soupire ;
Avec elle en ces lieux brûlant d'un saint amour,
L'innocence et la foi font aussi leur séjour ;
La vérité s'y plaît, et l'austère silence
En écarte à jamais le trouble et la licence.
　　Alcippe, tu le sais, la grâce en ces climats
Du célèbre Bruno jadis fixa les pas.
Elle approcha de lui sa lumière et sa flamme,
Eclairant sa raison, elle épura son âme,
Lui montra vers le ciel des sentiers inconnus,
Et remplit ces déserts du bruit de ses vertus.
Bientôt de toutes parts, en ce lieu solitaire,
Accourut près du Saint un peuple volontaire
De disciples zélés qui, soumis à sa voix,
Adoptant ses leçons, vécurent sous ses lois.
Fuyant d'un cœur troublé les mortelles alarmes,

Fletibus ora rigans, signansque in fronte pudorem (*aa*),
Quærere sons pacem quam gaudia falsa recusant.
Quis tibi, Relligio, cernenti talia, cantus!
Quævè dies tibi festa fuit! quæ gaudia! Avernus
Scilicet infremuit. Sed tu, tuaque optima proles,
Ex illo portûs aliud tenuistis asylum.
Agresti statione sedens, incognitus, uni
Naturæ et Domino intentus cui summa potestas,
Vir solâ recti, verique cupidine fervens,
Æmulus æthereas sequitur sine corpore mentes.
Novit enim dulces, cœlestia gaudia, raptus;
Novit et ardentes cantus conjungere cantu;
Promptus ad exemplar supremum numen adorat,
Et servire Deo sua laus, et amare voluptas.

Intereà didicit campus pinguescere, passim
Desertum ridere solum, descendere rupes,
Montibus auratæ scabris flavescere messes (*bb*)

(*aa*) Quoique chacun de nous puisse se dire avec vérité, et doive
même être persuadé qu'il est pécheur et coupable de mille fautes
qui sont au moins connues de Dieu, qui sera notre juge et qui se
vengera de l'outrage que nous lui avons fait par nos iniquités, si
nous n'apaisons son juste courroux par une pénitence salutaire; on
aurait cependant des idées bien éloignées de la vérité, au sujet des
Chartreux, si l'on croyait que ce sont des hommes que l'abondance
des remords a poussés à un genre de vie si contraire aux inclinations
de la nature. Par une miséricorde toute spéciale du Seigneur, ceux
qui, dans l'Ordre, ont le plus d'expérience nous assurent tous du
contraire; et d'un commun accord, ils nous certifient que presque
tous ceux que le Ciel y conduit, ou bien se présentent dans un âge

La honte sur le front , l'œil noyé dans les larmes ,
Le coupable surtout y vint chercher la paix (*aa*)
Qu'au sein des faux plaisirs il ne goûta jamais.
Sainte Religion , quelles furent vos fêtes ,
Vos chants, vos cris de joie en voyant ces conquêtes !
L'enfer dut en frémir, mais vous et vos élus
Vous comptâtes dès lors un asile de plus.
Seul avec la nature et son auguste Maître ,
Inconnu , retiré dans ce réduit champêtre ,
Là l'homme du vrai bien uniquement épris
Se montra le rival des célestes esprits :
Il connut leurs plaisirs, leurs transports extatiques ;
Il unit à leurs voix l'ardeur de ses cantiques ;
Comme eux du Dieu suprême adorant la grandeur ,
Le servir fut sa gloire, et l'aimer son bonheur.

Sous ses mains cependant les plaines s'embellirent ,
Le Désert s'anima ! les rochers s'aplanirent (*bb*) ;
L'or des moissons couvrit les monts les plus affreux ,

---

encore peu avancé et après avoir suivi dans leurs premières années
le parti de la vertu , ou bien , un peu plus tard , ils quittent le monde
après l'avoir édifié par une vie régulière, selon leur état, pour venir offrir au Seigneur , dans la solitude , le sacrifice d'une vie plus
parfaite.

(*bb*) ...*Auratæ !*... *Messes !*... L'or des moissons !...

Il est bien possible que dans les possessions données par les généreux fondateurs , il y ait eu des plaines dans les environs du Désert où les soins et l'industrie ont fini par recueillir *l'or des moissons*... ce qui veut dire d'ordinaire récolter le froment et ses différentes espèces. Mais il y aurait plus que de l'hyperbole à vouloir
soutenir que notre Désert offre des plaines couvertes de *moissons do-*

Plenaque, subsidium miserorum, copia nasci.
Quo duce in has primùm venit sapientia terras,
Idem desidiam procùl indè famemque repellit.
Hìc et adhuc spirant divi miracula Patris,
Legesque et studium, pietas et sedula. Vidi
Vidi oculis, Alcippe, meis, sub simplice cellâ,
Semotos procul à luxu et popularibus undis
Spe præsumentes æternæ prœmia sedis
Digna, senes placidos mortali in corpore centum; *(cc)*
Gaudia pectus habent, pax ora serenat. Ad aras
Excubat alma cohors setis indutaque sacco,
Instantem terris exarmatura furorem.
Christiadum benefida jugo, sibi barbara, lenis

---

rées... L'orge, l'avoine, et le seigle tout au plus, viennent à maturité dans le Désert de Chartreuse, et ce n'est ni sur les monts élevés, ni dans les plaines qu'on le semait autrefois, mais sur des côtes plus ou moins rapides ; aujourd'hui on néglige absolument cette culture, et l'on préfère les récoltes de foin dans le voisinage du Monastère qui n'a plus ses anciennes prairies. Ce que l'on cultive encore de préférence, ce sont les pommes de terre qui y viennent assez bien, et c'est d'ailleurs un moyen d'utiliser les fumiers. Qu'on se souvienne que le sol de la Grande-Chartreuse est à plus de 500 toises, c'est-à-dire 3000 pieds au-dessus du niveau de la mer, et on comprendra sans peine pourquoi les *plaines même*, à cette élévation, s'il y en avait, ne donneraient que difficilement *l'or des moissons...*

Au surplus, il est à propos d'observer que, nonobstant toutes

(cc) ... Senes placidos... centum !! Vide versus gallicos correspondentes in notâ *(cc)* : *Là mes yeux...*

L'abondance naquit, mais pour les malheureux.
Bruno qui fit descendre en ces lieux la sagesse
Sut de même en bannir la faim et la paresse :
Tout y retrace encore du saint Instituteur
Les prodiges, les lois, le zèle et la ferveur.
Loin de notre vain luxe et de nos ridicules,
Là mes yeux, cher Alcippe, ont vu sous cent cellules (*cc*)
Cent modestes vieillards qui, dans un corps mortel,
Attendent, pleins d'espoir, le séjour éternel :
La joie est dans leurs cœurs, la paix sur leurs visages.
Sous la haire et le sac ces vénérables sages,
Nuit et jour aux autels anéantis pour nous,
Nous rendent Dieu propice, apaisent son courroux,

---

les amplifications poétiques, les solitaires de nos jours sont au Désert dans un état bien différent de celui où ils étaient lorsque le P. Mandar faisait cette élégante description. Des jardins potagers très-insuffisants pour une communauté nombreuse où l'on fait toujours maigre, quelques pâturages, quelques prairies, et le Monastère dont l'entretien est ruineux, à cause de son étendue, c'est là tout leur avoir : il faut par conséquent retrancher aujourd'hui de la description poétique tout ce qui est étranger à ces objets.

(*cc*) *Là mes yeux... ont vu... cent cellules !!* C'est encore ici une façon d'exprimer un *grand nombre;* mais nous avons dit que tout se réduisait à une *quarantaine* dans le cloître : la maison, même autrefois, n'était guère composée que de 40 ou 41 Religieux de chœur, et les cellules du cloître ne sont que pour eux. Les *cent vieillards* pris à la lettre peuvent donc bien se réduire à une quarantaine, y compris les frères ; car enfin tous n'étaient pas vieux.

Omnibus, hospitio facilis, solatur egenos (*dd*),
Et Patriæ gazas nunquàm importuna ministrat.
Dùm mores virtusque labant, immota labantes
Sustinet. Exemplis animus si grandibus impar
Heu ! refugit, tamen his meriti pendantur honores.
Et Pater et juvenes, examen amabile, quantùm
Perculerant! quantis propior virtutibus arsi!
O utinàm, vicisset enim tua gratia, possem,
Summe Deus, liber vinclis, mihi redditus, illìc
Tot species rerum pede proculcare superbo,
In leges jurare tuas, intendere semper
Addictus votis, tibi vivere deditus uni!

Saltem ah ! sacra Deo, vitiis impervia, pacis
Hospita terra, amnes, nemorum alta silentia, mœstos
Accipite affatus saltem, tenerumque valete.
Ante alias veneranda domus, mea gaudia, vitam
Dùm fuga sollicitam rapiet, dùm flebile pectus
Æstu perpetuo dementia vertet et error,
Sit mihi fas animo, curarum dulce levamen,
Et fontes lustrare tuos, perque invia sylvæ
Tendere mente vagum, et dulci sub imagine tantos
Sæpè mihi revocare viros, vultusque virorum :
Calcatum per iter cæcos penetrare recessus

(*dd*) ... Solatur egenos... Vide in versib. gallicis notam correspondentem (*dd*) : *Ils nourrissent le pauvre*, etc...

Soutenant du chrétien les divins caractères,
Bienfaisants pour autrui, pour eux durs et sévères,
Ils nourrissent le pauvre *(dd)*, accueillent l'étranger,
Enrichissent l'état, loin de le surcharger.
Principes, mœurs, vertus, quand tout tombe et s'abîme,
Eux seuls servent encore de contrepoids au crime.
Faible, si notre cœur ne peut les imiter,
Sachons du moins, ami, sachons les respecter.
Depuis leur digne Chef jusqu'à leurs néophytes,
Combien ils m'ont ravi ces sacrés cénobites !
Que mon âme auprès d'eux brûlait pour la vertu !
Que n'ai-je pu, Seigneur, par ta grâce abattu,
De mes engagements brisant toutes les chaînes
Là fouler à mes pieds tant de chimères vaines,
Te vouer mes serments, m'enchaîner à ta loi,
Là méditer sans cesse, et n'obéir qu'à toi ?
 Ah ! du moins, saint Désert, séjour pur et paisible,
Solitude profonde au vice inaccessible.
Impétueux torrents, et vous sombres forêts,
Recevez mes adieux, comme aussi mes regrets :
Toujours épris de vous, respectable retraite,
Puissé-je, dans le cours d'une vie inquiète,
Dans ce flux éternel de folie et d'erreur,
Où flotte tristement notre malheureux cœur,
Puissé-je, pour charmer mes ennuis et mes peines,
Souvent fuir en esprit au bord de vos fontaines,
Egarer ma pensée au milieu de vos bois

(dd) Ils nourrissent le pauvre.... Ils font bien encore quelque
chose aujourd'hui pour les malheureux ; et si l'on connaissait leurs

Antrorum : sacris consistere montibus , undè
Velox mente novâ divina per atria tandem
Ibo, et divitias et gaudia vera requiram.

Par un doux souvenir rappeler mille fois
De vos saints habitants les touchantes images,
Pénétrer sur leurs pas dans vos grottes sauvages ;
Me placer sur vos monts, et là prenant l'essor,
Aller chercher en Dieu ma joie et mon trésor.

---

petites ressources pour subsister eux-mêmes, loin de les accuser à cet égard de peu de générosité, à n'envisager les choses qu'avec les yeux de la chair, on les blâmerait peut-être de leur confiance excessive à la Providence. Mais il s'en faut bien qu'il se fasse maintenant de si abondantes aumônes qu'avant leur dispersion : on en conçoit aisément la raison, il est inutile de s'y appesantir. Du reste, une sage économie et des privations volontaires, jointes aux secours que le ciel envoie même au petit oiseau des forêts, aident à subvenir à tout, et l'on se fait toujours un bonheur de partager avec l'indigent qui se présente les dons de la divine charité.

8

§ VIII.

IIe ET IIIe DESCRIPTIONS

EN VERS ET EN PROSE,

PAR M. DUCIS.

Nota. Le même esprit de religion, le même talent pour la poésie que nous avons remarqués dans les vers du Père Mandar, règnent aussi dans les deux pièces qui suivent. M. Ducis a la réputation d'avoir été bon littérateur et bon poëte. Un voyage à la Grande-Chartreuse donna lieu à ces compositions.

« Quel calme! quel Désert! Dans une paix profonde,
Je n'entends plus mugir les tempêtes du monde.
Le monde a disparu, le temps s'est arrêté...
Commences-tu pour moi, terrible éternité?
Ah! je sens que déjà dans cette auguste enceinte,
Un Dieu consolateur daigne apaiser ma crainte.
Je le sais, c'est un Père; il chérit les humains :
Pourquoi briserait-il l'ouvrage de ses mains?
C'est lui qui m'a formé dans le sein de ma mère :
Il veut mon repentir; mais il veut que j'espère.
O toi qui sur ces monts blanchis par les hivers,
Vins chercher les frimas, un tombeau, des déserts,
Et qui volant plus haut, par ton amour extrême,
Semblais, voisin du ciel, habiter le ciel même,

Que j'aime à voir les pas empreints dans ces saints lieux!
Le berceau de ton Ordre est caché dans les cieux.
C'est là que du Seigneur répétant les louanges,
La voix de tes Enfants s'unit au chœur des Anges.
Là de ses faux plaisirs, par le siècle égaré,
Le voyageur pensif a souvent soupiré.
Ces rochers, ces sapins, ce torrent solitaire,
Tout parle, tout m'instruit à mépriser la terre,
La terre où le bonheur est un fruit étranger
Que toujours quelque ver en secret vient ronger.
Partout de la douleur j'y trouvai les images :
L'amour a ses tourments, l'amitié ses outrages (ee).
Que de désirs trompés, de travaux superflus!...
Vous qui vivant pour Dieu mourez dans ces retraites
Heureux qui vient vous voir dans le port où vous êtes;
Mais plus heureux cent fois celui qui n'en sort plus! »

(ee) Il serait peut-être à désirer que l'on pût substituer à ce vers, dont le premier hémistiche est d'ailleurs si expressif, quelque chose qui présentât une idée plus étendue, et qui embrassât toutes les passions, comme serait, par exemple, le vers suivant :

« *Partout des passions les funestes ravages.....* »

mais respectons le trait du génie ; nos faibles pensées ne sauraient l'atteindre peut-être sans en diminuer la portée.

Cependant il est vrai de dire que les outrages faits à l'amitié ne sont pas le plus terrible fléau de la société, quoique les âmes sensibles ressentent vivement le malheur de se voir méconnues et trahies. Ce qui est mille fois plus cruel, c'est cette tyrannie des passions par lesquelles on a la faiblesse impardonnable de se laisser maîtriser, quand on devrait les mettre sous le joug en se rendant docile à la voix de Dieu et à l'impression de sa grâce.

Lettre de M. Ducis

A UN AMI.

❊

Il rend compte de son voyage à la Grande-Chartreuse.

❊❊❊

« Avant de quitter la Savoie, j'ai voulu visiter le Désert de la Grande-Chartreuse : c'est
là un pèlerinage que j'aurais voulu faire avec
Thomas (*ff*) ; mais fait-on jamais ce qu'on dé-

(*ff*) Thomas était de l'Académie, et ami intime de
Ducis. Cette amitié réciproque a de quoi surprendre
peut-être, quand on sait que Ducis ne donna jamais
dans les égarements de la philosophie moderne ; mais
l'étonnement cesse dès que l'on vient à apprendre que
si Thomas eut d'abord le malheur de se livrer à de si
funestes principes, il reconnut sa faute dans la suite,
et cette époque devint celle de son étroite liaison avec
Ducis. Etant tombé malade à Lyon, l'Archevêque de
cette ville, M. Malvin de Montazet, qui l'affectionnait,
le fit transporter à sa maison de campagne : ce fut là

sire ? Comme il m'a manqué ! Il aurait monté
auprès de moi, le long d'une rivière ou plutôt
d'un torrent, un chemin serré entre deux murailles de roches, tantôt sèches et nues, tantôt
couvertes de grands arbres, quelquefois ornées
par bandes de petites forêts vertes qui serpen-

---

qu'il termina sa carrière en 1785 (l'année même de son
voyage à la Grande-Chartreuse), avec les sentiments
les plus pieux et toute la résignation d'un bon chrétien. Voici comment Ducis lui-même rend compte de
cette mort dont il fut témoin.

« J'ai perdu mon cher Thomas hier, à neuf heures ;
j'ai entendu la terre tomber et s'amonceler sur ce corps
qu'animait une âme si vertueuse et si pure ; il est donc
vrai, je ne le verrai plus ! Une seule consolation me
reste : notre Religion réunit ce que la mort sépare.
Mon ami, dont l'âme était si chrétienne, m'a laissé le
souvenir de la fin la plus édifiante. Il s'est confessé avec
toute sa raison. Son confesseur, qui est un ange de
charité et de piété, l'a vu trois fois dans la même nuit ;
il ne peut en parler sans larmes. Il a reçu ses Sacrements avec une résignation, une douceur qui nous
faisait tous sanglotter.

Cette note est tirée en partie d'un recueil précieux,
intitulé : *Trésors de la Poésie et de l'Eloquence*, ou
témoignages rendus à la Religion et à la Morale par
les Poëtes, les Orateurs, les Philosophes et les Savants
les plus célèbres, 2 vol. in-12. Lille, 1826.

tent sur leurs côtes. Il eût entendu, pendant deux lieues, le bruit du torrent qui s'indigne au milieu des débris de roches, contre lesquelles il se brise sans cesse. C'est une écume jaillissante, qui s'engloutit dans des profondeurs de deux cents pieds, où l'œil la suit avec une terreur curieuse, pour se reporter ensuite vers des roches sauvages, hautes, perpendiculaires, et couronnées à leurs pointes par de petits ifs qui semblent être dans le Ciel. Ce chemin étroit, ces hauteurs, ces ténèbres religieuses, ces cascades admirables qui tombent en bondissant pour grossir les eaux et la fureur du torrent, tout cela conduit naturellement à la solitude terrible où Saint Bruno vint s'établir avec ses compagnons, il y a plus de sept cents ans.

J'ai vu son Désert, sa fontaine, sa Chapelle, la pierre où il s'agenouillait devant ces montagnes effrayantes, sous les regards de Dieu. J'ai visité toute la maison : j'ai vu les Solitaires à la grand'messe ; j'ai causé avec un des plus jeunes dans sa cellule....... tout m'a fait un plaisir profond et calme. Les agitations humaines ne montent pas là. Ce que je n'oublierai jamais, c'est le contentement céleste qui est

visiblement empreint sur le visage de ces Religieux.

Le monde n'a pas d'idée de cette paix ; c'est
une autre terre, une autre nature. On la sent,
on ne la définit pas cette paix qui vous gagne.
J'ai vu le rire et l'ingénuité de l'enfance sur
les lèvres du vieillard ; la gravité et le recueillement de l'âme dans les traits de la jeunesse.
J'ai eu ma cellule où j'ai couché deux nuits ;
et c'est avec regret.... que je me suis éloigné
de cette maison de paix.

Je vous assure, mon cher ami, que toutes
ces idées de fortune, de succès, de plaisirs,
tout ce tumulte de la vie, tout ce tapage qui
est dans nos yeux, nos oreilles, notre imagi-
nation, restent à l'entrée de ce Désert, et que
notre âme nous ramène alors à la nature et à
son auteur.

§ IX.

IVe DESCRIPTION;

OU STANCES IMPROVISÉES

SUR LA

Grande-Chartreuse,

✳

Nota. Ce fut vers l'année 1820 que M. de Lamartine, dans une visite aux Solitaires de Saint Bruno, daigna les gratifier de ce noble impromptu. Nous y joindrons quelques remarques explicatives de certaines expressions moins connues.

Jéhovah de la terre a consacré les cimes (*gg*);
Elles sont de ses pas le divin marchepied :
C'est là qu'environné de ses foudres sublimes,
    Il vole, il descend, il s'assied.

(*gg*) *Jéhovah*, nom ineffable de Dieu : ce mot signifie, celui qui subsiste par lui-même : *Ego sum qui sum.*

Sina, l'Olympe même, en conserva la trace (*hh*) ;
L'Oreb, en tressaillant, s'inclina sous ses pas ;
Thor entendit sa voix, Gelboé vit sa face ;
    Golgotha pleura son trépas.

꩜✶꩜

Dieu que l'Hébron connaît, Dieu que Cédar adore (*ii*)
Ta gloire à ces rochers jadis se dévoila ;
Sur le sommet des monts nous te cherchons encore ;
    Seigneur, réponds-nous : Es-tu là ?

(*hh*) *Sina* ou *Sinaï*, *Olympe*, *Oreb*, *Thor*, *Gelboé*, *Golgotha*, etc., noms des montagnes ou collines célèbres :

1° C'est sur le mont *Sinaï*, au milieu du désert de ce nom, dans l'Arabie, que Dieu parla à Moïse, et lui donna la loi écrite de sa main ;

2° *Olympe* (mont), dans la Grèce ; son élévation avait engagé les poëtes à la prendre pour le Ciel ;

3° *Oreb*, ou *Horeb* (mont), près du mont *Sinaï*. Ce fut de cette montagne que Moïse fit jaillir l'eau en frappant le rocher ;

4° *Thor* : les Arabes nomment ainsi le mont *Sinaï* ;

5° *Gelboé* (mont), en Palestine. Ce fut sur cette montagne que Saül et ses fils moururent en combattant ;

6° *Golgotha*, ou *Goatha*, lieu de la montagne du Calvaire, où s'est accompli le mystère de la Rédemption, par la mort de J. C.

(*ii*) *Hébron*, montagne ; et ville en Palestine, sacerdotale et de réfuge, une des plus anciennes du monde. — *Cédar*, nom de montagne et de ville, dans l'Arabie Pétrée, signifie aussi le Désert où est la montagne. — La ville fut bâtie par Cédar, fils d'Ismaël. Les Arabes d'aujourd'hui descendent des Ismaélites.

Paisibles habitants de ces saintes retraites,
Comme au pied de ces monts où priait Israël,
Dans le calme des nuits, des hauteurs où vous êtes,
    N'entendez-vous donc rien du Ciel ?

※☀☲

Ne voyez-vous jamais les divines phalanges
Sur vos dômes sacrés descendre et se percher ?
N'entendez-vous jamais des doux concerts des Anges
    Retentir l'écho du rocher ?

※☀☲

Quoi ! l'âme en vain regarde, aspire, implore, écoute ;
Entre le Ciel et nous, est-il un mur d'airain ?
Vos yeux toujours levés vers la céleste voûte,
    Vos yeux sont-ils levés en vain ?

※☀☲

Pour s'élancer, Seigneur, où ta voix les appelle,
Les astres de la nuit ont des chars de saphirs (jj)
Pour s'élever à toi, l'Aigle au moins a son aile ;
    Nous n'avons rien que nos soupirs.

※☀☲

Quoi ! la voix de tes Saints s'élève et te désarme ;
La prière du juste est l'encens des mortels ;

   (jj) *Saphir*, pierre précieuse, couleur céleste, d'azur, ou vert
de mer.

Et nous, pécheurs, passons; nous n'avons qu'une larme
A répandre sur tes autels (*kk*).

(*kk*) Les vers sont beaux, ils font image. S'il était permis de
désirer quelque chose, ce serait de trouver dans la pièce des traits
plus analogues au Monastère, et un je ne sais quoi de plus senti-
mental.

Nous avons déjà dit à quelle occasion M. de Lamartine avait im-
provisé cette pièce de vers : il l'avait consignée dans un ALBUM que
nous étions encore dans l'usage, comme cela se pratiquait autrefois,
de présenter à MM. les Etrangers. Ceux-ci ne se bornaient pas d'ordinaire à y inscrire leurs noms et l'époque de leur visite ; ils aimaient
encore à y exprimer les sentiments que leur avaient inspirés le Désert, le Monastère, etc. Quelquefois c'étaient de jolis vers que l'on
aimait à retrouver en parcourant ces tablettes ; d'autrefois de char-
mants paysages et autres dessins que des amateurs déposaient là
comme des gages de leur bon souvenir, ou comme l'esquisse de
leurs talents. On aimait à y voir des réflexions courtes, mais pleines
de sens, telles, par exemple, que celles que contiennent le peu de
mots écrits dans les temps par J. J. Rousseau lui-même : *O Alti-
tudo!* (Rom. 2.) à la suite de son nom. Ceux qui venaient ensuite
visitaient avec plaisir cette espèce de parterre semé de toutes fleurs,
et si l'on ne trouvait pas toujours partout le même talent, le même
goût, le même à propos, la variété ne servait qu'à mieux faire apprécier ce qu'on croyait devoir préférer. Le nom seul de tant de
personnages célèbres, ou du moins recommandables, de toutes les
classes de la société, de tous les pays, de tout âge, etc., ne laissait
pas que d'offrir un grand intérêt. Le manque d'égards de quelques
individus qui se permettaient, depuis quelques années, d'y ajouter
des apostilles inconvenantes ou même irréligieuses et impies, et
d'autres raisons encore nous ont engagés à supprimer cette sorte de
Journal. Mais puisque nous citions le bon usage qu'en savaient faire

autrefois les personnes bien élevées et qui comprenaient bien ce que l'on doit à l'hospitalité, quand même les idées religieuses ne s'accorderaient pas avec celles des Solitaires qui l'exercent, nous rapporterons encore un trait de Jean-Jacques à l'occasion de son voyage et de ses notes sur le Registre du Couvent ; il est raconté par M. le docteur Guérin, d'Avignon, dans son *voyage à la Grande-Chartreuse* et *à la Trappe d'Aiguebelles.*

« Un des motifs qui porta le Philosophe Genevois à parcourir les montagnes de la Chartreuse, fut son goût pour la botanique. Après diverses recherches où il avait été servi à son gré par une nature féconde en simples de mille sortes, il écrivait sur l'ALBUM : « *J'ai trouvé dans ce Désert des plantes rares, et de plus rares vertus.* » Laissons de côté l'éloge excessif, et ne faisons attention qu'à la délicatesse d'un homme qui certes n'était pas porté à la flatterie. » L'anecdote se trouve dans un ouvrage intitulé : BOTANIQUE DE J. J. ROUSSEAU, etc., augmentée de notes historiques, etc., par M. Deville, médecin, 2ᵉ édition. Paris, 1823.

Chûte du Guier près la porte de la Paroisse l.

Lith. de Baratier frères et fils

§ X.

Les Chapelles du Désert.

Ces Chapelles sont au nombre de quatre, celles de la Sainte Vierge et de Saint Bruno, vers l'extrémité septentrionale du Désert, sur le chemin qui conduit au Grand-som; celle de Saint-Sauveur, à l'angle nord-est de la clôture du Monastère, et enfin celle de la Correrie.

Nous ne faisons pas mention de la petite Chapelle de Saint Hugues, Evêque de Grenoble, parce qu'elle se trouve hors l'enceinte du Désert, et n'appartient même plus aux Chartreux. On la trouve à fort peu de distance du pont sur le Guyer-mort, sur le territoire de St-Pierre-de-Chartreuse, et à main droite en allant à Grenoble par le Sapey. Au reste, il ne s'y trouve rien de remarquable, non plus que dans celles de Saint-Sauveur et de la Correrie, quoiqu'on ait fait quelques réparations

à celle-ci. Il n'en est pas de même des petits
sanctuaires de la Sainte Vierge et de Saint
Bruno qui vont maintenant fixer notre attention. L'empressement de MM. les Etrangers à
visiter ces deux monuments religieux, cachés
pour ainsi dire dans l'épaisseur des forêts ,
nous fait une loi de n'omettre aucune circon-
stance propre à contenter la dévotion , ou à
satisfaire une louable curiosité. La Chapelle
de la Vierge se présente la première sur la
route ; nous irons cependant au delà, et puisque l'ordre des temps et des choses l'exige ,
nous visiterons d'abord celle de Saint Bruno ,
qui en est éloignée d'environ quatre cents pas.

CHAPELLE DE SAINT BRUNO.

Ce n'est pas une simple tradition, une pieuse
croyance , c'est un fait consigné dans tous les
monuments historiques de l'Ordre des Chartreux , que lorsque Saint Bruno vint se choisir
une Retraite dans le Désert de Chartreuse , il
établit sa modeste habitation sur le roc où est
aujourd'hui la Chapelle érigée en son honneur.
Ce ne fut d'abord qu'un simple Oratoire élevé

par les soins du pieux Fondateur et de ses
Compagnons, lorsqu'ils entrèrent en possession de cette solitude, par la cession généreuse
de Saint Hugues et de quelques autres particuliers à qui appartenaient ces montagnes.
Saint Bruno plaça près de l'Oratoire sa cabane
en bois, tandis que ses chers disciples s'en
fabriquaient de semblables dans le voisinage
pour n'être point distraits dans leurs exercices
religieux. Ils se réunissaient aux jours et aux
heures déterminées pour prier en commun
dans l'Oratoire, et célébrer les Divins Mystères. Ce ne fut que sous le Pontificat de Léon X,
en 1514, que la Béatification de l'illustre serviteur de Dieu permit de célébrer la fête du
bienheureux Fondateur, et dès lors aussi le
sanctuaire prit le nom de Chapelle de Saint
Bruno.

Monseigneur de Merly, Evêque de Toulon,
étant venu, vers l'année 1640, visiter cette
Chapelle par un motif de dévotion, et l'ayant
trouvée trop petite, il la fit rebâtir à ses frais,
et lui donna la forme et l'étendue qu'elle a
aujourd'hui, ne conservant de l'ancienne que
l'autel et la voûte qui le couvrait en forme de
grotte. Cette grotte fut démolie en 1816, à

cause des difficultés qui se trouvaient à remédier aux dégradations soufertes dans les jours mauvais de la Révolution, et à la remettre dans son premier état ; mais on a laissé subsister l'autel qui est en pierre , et une tradition assez fondée nous apprend que c'était sur cet autel que Saint Bruno célébrait le Saint-Sacrifice. Les Chartreux, depuis leur retour, ont construit par-dessus un second autel en bois, et ont pratiqué une ouverture au côté de l'Evangile, afin qu'un monument si digne de vénération put toujours être aperçu, et ne vint pas à tomber dans l'oubli.

On voit aux deux côtés latéraux de la Chapelle les six Compagnons de Saint Bruno peints à la fresque, mais avec tant d'illusion, à l'aide de la magie du clair-obscur, qu'on est tenté de les prendre pour des statues placées dans leurs niches ; et ce n'est qu'en les considérant de près qu'on vient à être désabusé.

Les nouveaux Solitaires ne firent pas aussi promptement qu'ils l'auraient souhaité les réparations indispensables dans les Chapelles de Saint Bruno et de la Sainte Vierge, après une absence de plus de vingt ans ; ce ne fut qu'en 1821 qu'elles furent terminées, à l'aide des

pieuses largesses que Louis XVIII et son auguste famille voulurent bien faire servir à la
restauration de ces deux édifices sacrés. Une
des inscriptions qui se lisent dans la Chapelle
de Saint Bruno, a pour but d'éterniser tout à
la fois et le bienfait et la reconnaissance.

, Avant de s'éloigner de cette Chapelle, on
doit s'arrêter un instant à considérer sa position, ses dehors, le site qui l'environne, les
bois et les rochers qui la dominent, mais il faut
pour cela se transporter derrière la Chapelle
elle-même, et promener de tous les côtés un
regard attentif. Quoi de plus triste et de plus
sauvage! Il est aisé de remarquer au premier
coup-d'œil que la nature a éprouvé dans cet
endroit un horrible déchirement, un boule-
versement affreux : combien, même avant
cette catastrophe, ce séjour enfoncé dans la
partie la plus reculée de tout le Désert ne de-
vait-il pas inspirer d'effroi?... Cependant lorsque Saint Bruno et ses six généreux Compagnons vinrent y chercher une retraite, loin
d'en être rebutés, ils s'y fixèrent avec une
sainte joie, tant ils étaient dès lors détachés
de la terre, des douceurs et des commodités
de la vie, et uniquement occupés des biens du

9

Ciel, dont ils ambitionnaient si ardemment la possession.

Au-dessous du roc qui sert de base à la Chapelle, jaillit une source abondante d'eau vive et limpide; elle porte le nom de fontaine de Saint-Bruno. Après avoir servi à son usage et à celui de ses premiers disciples, elle est encore à l'usage de leurs successeurs par le soin qu'eurent ceux-ci de pratiquer un canal jusque dans le lieu où fut transféré le Monastère, environ 5o après, ainsi que nous le remarquerons encore en parlant de la Chapelle de la Sainte Vierge, vers laquelle il est temps de diriger nos pas.

❧❧❧

CHAPELLE DE LA SAINTE VIERGE.

On a vu précédemment qu'à leur arrivée dans le Désert de Chartreuse, Saint Bruno et ses Compagnons s'étaient construit de pauvres cellules ou cabanes en bois; et que ces précautions prises à la hâte, suffisantes à la rigueur, à cause de la belle saison (c'était au mois de juin), exigeraient bientôt de nouvelles habitations et des abris plus sûrs contre les

neiges et les froids aigus de l'hiver dans un
climat tel que celui où ils allaient avoir à se
faire une nouvelle existence. Saint Hugues
voulut donc qu'on s'occupât de la construction
d'un Monastère qui renfermerait ce qui est
nécessaire pour une Communauté : chapelle,
cloître, cellules, chapitre, réfectoire, etc.; le
Saint Evêque se chargea de la dépense. Quarante-neuf ans après, le 30 janvier 1133,
sous le Gouvernement du vénérable Guigues,
5ᵉ Prieur de Chartreuse, la plus grande partie
du Monastère fut renversée par une avalanche,
six Religieux et un Novice furent ensevelis
sous les ruines des bâtiments. On retrouva
leurs corps, et ce qu'il y eut de particulier,
c'est qu'au bout de douze jours, un des six
Religieux eut encore assez de vie pour recevoir les derniers Sacrements, et il mourut ensuite avec un grand calme.

Après ce terrible accident, le vénérable
Guigues vint s'établir avec sa communauté
dans l'endroit où se trouve actuellement la
Grande – Chartreuse, et ne conserva du premier Monastère que l'Eglise, qui est précisé-
ment cette Chapelle de la Vierge qui fut appelée *Notre-Dame de Casalibus*, afin de perpé-

tuer le souvenir des petites cases ou cabanes qui avaient servi à Saint Bruno et à ses premiers Religieux.

Notre-Dame *de Casalibus* a donc été la première Eglise des Chartreux. Réparée et même tout à fait rebâtie à différentes époques, on la reconnaît encore aujourd'hui pour ce qu'elle était avant la Révolution. Le plafond, peint en azur et bien conservé, est semé du chiffre en or de la Sainte Vierge, surmonté d'une couronne, et l'on voit dans le pourtour deux rangs de jolis cartouches renfermant en lettres dorées une des louanges données à l'auguste Mère de Dieu, et composant, à eux tous, ses Litanies en entier. La boiserie et les petites stalles, quoique simples, donnent un certain relief à ce sanctuaire, et l'œil se repose même volontiers un instant sur le dessin du briquetage ou parquet. Quant au sujet représenté dans le tableau de l'Autel, en voici l'explication.

Lorsque Saint Bruno fut appelé à Rome, par ordre du souverain Pontife Urbain II, ainsi que nous l'avons raconté dans la vie du saint Fondateur, ses disciples comprenaient fort bien que leur Père ne pouvait se dispenser

d'obéir, mais leur soumission ne put pas empêcher qu'ils ne fussent consternés de cette
dure nécessité. Touché de leurs regrets, témoignage non équivoque de leur sincère dévouement, notre Saint voulut, pour les con-
soler, nommer Lauduin Prieur en son absence. Mais ce choix n'empêcha pas que la
plupart des Solitaires ne se déterminassent à
quitter un Désert où ils allaient être sitôt pri-
vés de celui qu'ils s'étaient choisi pour guide.
Bruno, affligé de cette dispersion, mais rési-
gné aux volontés du Ciel qui l'appelait en Italie, prit le parti d'abandonner la possession de
son ermitage à Seguin, abbé de la Chaise-
Dieu, en Auvergne, et en se rendant à Rome
avec deux ou trois de ses enfants, lui laissa
un billet pour constater son acte de cession.
Cependant les Religieux qui avaient quitté
leur solitude ne tardèrent pas à s'en repentir;
leur digne Chef n'oublia rien, malgré ses
grands travaux auprès du Pape, pour les engager à y revenir, et ses démarches eurent
enfin un plein succès. Le souverain Pontife,
informé de leur sage détermination, écrivit à
l'abbé de la Chaise-Dieu, afin qu'il leur rendît
le territoire de Chartreuse qui venait de lui

être abandonné, et tout fut exécuté selon les désirs de Saint Bruno et les ordres du Pape.

Il s'en fallait bien, toutefois, que les habitants du Désert de Chartreuse eussent cessé de soupirer après le retour de celui qui les y avait réunis : c'était leur vœu le plus ardent ; ils comptait l'y revoir bientôt et n'en être plus séparés. Quelle dut donc être la grande désolation de ces chers enfants de Bruno, quand ils apprirent que le souverain Pontife, loin de leur rendre leur Père, venait de le fixer en Italie par l'établissement d'une nouvelle solitude dans la Calabre ! Le chagrin, le découragement succédèrent à cet espoir frustré ; ils ne songèrent plus qu'à abandonner de nouveau une Retraite que l'absence de leur tendre Père leur rendait par trop amère. Déjà ils en étaient sortis et s'étaient mis en chemin pour s'éloigner, lorsque le Seigneur eut pitié de leur faiblesse et accorda une grâce extraordinaire qui leur ouvrit les yeux sur une fausse démarche non moins irréfléchie que la première, et les affermit dans leur vocation. On dit que Saint Pierre leur apparut sous la figure d'un homme vénérable, leur recommanda de joindre à l'office canonial celui de la bienheureuse Vierge Marie, à laquelle était dédiée leur solitude, et leur assura que par cette sainte pratique ils obtiendraient la cessation de leurs peines intérieures et le don de la per-sévérance. Frappés de cette vision et dociles à la grâce, ils prirent volontiers un engage-ment qui leur parut être comme un ordre émané du Ciel qui s'accordait d'ailleurs si bien avec leur tendre piété envers la Très-Sainte Vierge; et tous leurs successeurs, depuis cette époque, ont continué de satisfaire aux mêmes obligations. Ils éprouvèrent, au surplus, l'ef-ficacité du remède : l'esprit tranquille, le cœur content, ils recouvrèrent avec la paix de l'âme le bonheur dont ils avaient joui sous la con-duite de Saint Bruno.

Ce qu'on a donc voulu représenter ici ce sont les disciples du Saint Patriarche prêts à quitter le Désert, et l'apparition de Saint Pierre qui, leur montrant la Sainte Vierge, les invite à se mettre spécialement sous sa protection et à renoncer à leur funeste dessein.

§ XI.

GENRE DE VIE

DES SOLITAIRES

DE LA

GRANDE-CHARTREUSE.

⁂

La vie monastique a eu ses commencements et ses premiers modèles dans plusieurs saints personnages de l'ancienne Loi. Les Nazaréens se consacraient au Seigneur et s'imposaient certaines privations par un vœu particulier. Elie, Elisée, ses enfants et les disciples des Prophètes gardaient la continence, pratiquaient la pauvreté, vivaient dans les montagnes et les déserts. Les Esséniens sacrifiaient leurs biens par un dépouillement volontaire, fuyaient les grandes villes, se contentaient du pur nécessaire, et cherchaient la solitude pour se mettre à l'abri des dangers du monde.

Enfin, Saint Jean-Baptiste se retira dans un
désert, et y vécut jusqu'à l'âge de 30 ans, etc.

Mais ce ne fut que sous la Loi de grâce que
la vie monastique reçut sa dernière perfection.
Ceux qui l'embrassèrent eurent en vue la pratique des conseils évangéliques, et l'exécution de ces paroles du Sauveur des hommes :
*Vendez ce que vous possédez ; donnez-le aux
pauvres, et vous aurez un trésor dans le Ciel :
puis, venez et marchez à ma suite.* L'état monastique n'est donc pas une institution humaine, puisqu'on y prend pour règle fonda-
mentale les conseils Evangéliques dont N.S.J.C.
est l'auteur ; il doit être aussi regardé comme
l'auteur d'une institution où l'on s'applique
religieusement à les mettre en pratique. C'est
pourquoi, dès les premiers âges de l'Eglise,
vers le milieu surtout du 3ᵉ siècle, on vit une
infinité de Chrétiens, animés et conduits par
des motifs de Religion, abandonner leur patrie, renoncer au monde, et se réfugier dans
des lieux solitaires pour y vaquer plus libre-
ment à la prière, au chant des hymnes et des
cantiques sacrés, à la contemplation des choses
célestes, à la pénitence, aux veilles, au jeûne,
au travail des mains, et à l'exercice de toutes

les vertus. On appelait *Ermites, Moines, Soli-taires* ou *Anachorètes*, ceux qui vivaient seuls dans des cellules ou des cavernes; comme furent tant de milliers de Saints qui peuplèrent les fameux déserts de la Palestine, de l'Egypte, de la Thébaïde, de la Syrie, etc., etc. — On donnait le nom de *Cénobites* à ceux qui vivaient en communauté. Tels furent ceux qui commencèrent sous Saint Antoine, et principalement sous Saint Pacôme, à se réunir pour servir Dieu en commun, sous la même règle et sous la dépendance d'un Supérieur. Tels sont encore aujourd'hui dans toute l'Eglise catholique les Religieux et Religieuses qui se sont engagés par des vœux à vivre selon telle ou telle règle, et à tendre à la perfection des conseils Evangéliques.

Ces notions préliminaires font déjà entrevoir la nature du genre de vie des Chartreux. Ils sont tout à la fois *solitaires* et *cénobites*, afin de participer aux avantages de ces deux états.

Comme *cénobites*, les Chartreux vivent en communauté, sous la direction d'un Supérieur, et assujettis à une règle établie pour tous. Ils se réunissent à certaines heures pour la célébration de l'Office divin, et plus ou

moins souvent, selon les solennités. Les dimanches et fêtes, ils vont ensemble au réfectoire. Pendant le repas on fait une lecture
spirituelle : l'Ecriture sainte, les discours et
homélies des Pères et des Docteurs, et toujours dans un religieux silence. Ils se réunissent encore pour une promenade de deux à
trois heures une fois par semaine, et pour des
récréations en commun les dimanches et fêtes,
à l'exception de certains jours de l'année où
l'on s'en prive pour se conformer à l'esprit de
l'Eglise. Ces adoucissements accordés par la
règle servent à la dilatation des cœurs, par le
doux épanchement que permettent la charité,
l'union fraternelle et une religieuse cordialité.
Ces récréations, du reste, ne consistent que
dans l'exercice du corps et la conversation ;
toute espèce de jeux est interdite par les statuts, de même que la musique vocale ou in-
strumentale, et ce qui deviendrait incompa-
tible avec leur vie de silence et d'oraison.

Comme *solitaires*, ils passent tout le reste
du temps seuls dans leurs cellules, où ils ne
reçoivent personne sans permission, et d'où
ils ne sortent que pour se rendre à l'Eglise,
ou chez les supérieurs, ou chez un confrère,
quand ils en ont demandé la permission.

Les différents Exercices de piété, l'étude et
le travail des mains occupent les heures du
Chartreux dans sa solitude. Tout ce qui lui est
prescrit se trouve entremêlé et interrompu de
telle sorte, qu'il voit s'écouler ses journées
avec une étonnante rapidité. De tous les Exercices de piété, l'Office divin est celui qui l'oc-
cupe le plus longtemps : il est ce tribut jour-
nalier qu'il doit rendre jour et nuit au Souverain du ciel et de la terre. Viennent ensuite
l'Oraison mentale ou Méditation, les lectures
spirituelles, les pieuses pratiques que l'esprit
de dévotion inspire à chacun en particulier,
et le soir tout se termine par un Examen général sur la manière dont on a passé et sanc-
tifié la journée. Il n'est point permis, sans de
graves raisons, de changer l'ordre des Exercices ; chaque chose doit se faire dans le temps
déterminé par la règle, quoique l'on se trouve
seul ; l'observance de cet article ne souffrant
jamais d'exception générale pour ce qui se fait
en commun chaque jour, comme le matin la
grande Messe, Vêpres l'après-midi, et Matines
pendant la nuit.

Nous n'avons pas besoin d'observer que les
Études du religieux de Saint Bruno sont celles
qui conviennent au Prêtre, ou à celui qui doit

le devenir : les divines Écritures, les SS. Pères,
la Théologie et les Sciences qui ont rapport à
cette dernière.

Quant au travail manuel, le goût de chaque
particulier le détermine : l'essentiel est d'y
consacrer le temps qui lui est destiné, à moins
qu'on en ait obtenu dispense. Tenir sa cellule
propre, sans affectation, cultiver son jardin,
fendre ou scier du bois, faire quelque ouvrage
au tour, ou à la menuiserie, faire des pains
d'autel, relier des livres, s'occuper de peinture ou de dessin, encadrer des gravures,
enchaîner des grains de chapelets, etc., etc.,
tels sont, généralement parlant, les travaux
les plus ordinaires... Il est cependant permis
de consacrer à des occupations plus sérieuses
les moments destinés à ces sortes de travaux ;
mais comme il faut nécessairement accorder
quelque relâche à l'esprit, la règle veut que
l'on soit très-discret sur ce point, afin que l'on
puisse reprendre toujours avec un nouveau
plaisir les devoirs essentiels de son état.

Pour ce qui est des autres observances, elles
consistent : 1° dans un jeûne d'environ huit
mois, à dater de l'Exaltation de la sainte Croix,
le 14 septembre ; 2° dans une abstinence per-

pétuelle de tout aliment gras, sans en excepter le cas de maladie; 3° à prendre habituellement leurs repas seuls dans leurs cellules respectives ; 4° à ne point faire usage d'œufs et de laitage pendant l'Avent, le Carême, les vendredis et certains jours particuliers ; 5° à se contenter de pain et d'eau, le vendredi, lorsque la santé le permet ; 6° à coucher sur la paille, avec des draps de laine et les couvertures nécessaires ; 7° à se lever toutes les nuits, après quatre heures et demie de sommeil, pour aller chanter les divins Offices, et se recoucher pendant deux ou trois heures, après environ quatre heures de chant ou de prières vocales ; 8° à garder la clôture la plus étroite, ne sortant du Monastère que les jours de promenade ou spaciment ; 9° à ne porter que des vêtements et chemises de laine.

Nous ne parlerons pas, au surplus, des austérités particulières qu'une piété dirigée par l'obéissance peut s'imposer : il ne s'agit ici que de ce qui est commun à tous.

Si cependant un Religieux, pour raison de maladie, ou d'infirmité, ou pour quelque autre cause légitime, a besoin qu'on adoucisse la règle en sa faveur, il obtient les dispenses né-

cessaires; souvent même la charité des Supérieurs prévient les demandes qu'il pourrait
faire à cet égard. L'article de l'abstinence per-
pétuelle de la viande reste cependant toujours
intact, et la règle ne mollit jamais sur ce point :
le plus grand bien le voulait ainsi, et, après
tout, il serait impossible de démontrer que
l'usage du gras sauverait la vie à tel ou tel dans
la maladie qu'il endure. Il est même plus probable que cet adoucissement passager ferait
plus de mal que de bien, le tempérament n'y
étant plus accoutumé.

Il est des personnes qui se figurent qu'un
genre de vie tel que celui des Chartreux doit
être nuisible à la santé; peu s'en faut même
qu'elles ne le regardent comme un suicide
lent et volontaire. Pour les désabuser, nous
ne les renverrons pas aux anciens Pères du
Désert qui vivaient très-longtemps, quoique
leur vie fût bien plus pénitente et plus mor-
tifiée que celle des Chartreux; nous ne leur
citerons que ce qui arrive chez les Chartreux
eux-mêmes. Malgré les jeûnes, les abstinen-
ces, les longues veilles, le coucher sur la
paille et autres austérités que nous avons in-
diquées en partie, ils sont rarement malades;

ils parviennent presque tous à quatre-vingts, quatre-vingt-dix ans, et quelquefois même on trouve chez eux des centenaires. Ils ne meurent pour l'ordinaire que comme une lampe qui s'éteint, tant il est vrai qu'une vie sobre, frugale, simple, uniforme et un peu dure est plutôt avantageuse que nuisible à la santé : elle n'abrége pas les jours, mais les prolonge plutôt, comme le prouve l'expérience.

D'autres s'imaginent que cette vocation extraordinaire n'a d'autre source que les chagrins, les revers, les malheurs auxquels on n'a pas eu la force de résister, et que par un coup de désespoir on a quitté brusquement le monde, sans faire attention aux suites fâcheuses d'une démarche aussi inconsidérée.... On serait dispensé de relever cette erreur, si l'on ne venait quelquefois nous demander très-sérieusement s'il n'en est pas ainsi pour plusieurs solitaires de la Chartreuse. Mais on ne songe pas, quand on s'aheurte à de telles idées, qu'il est contre toutes les règles du bon sens de supposer qu'une communauté entière, les Supérieurs en tête, admettent aveuglément, sans information, sans examen, ceux qui se

présentent. L'Ordre des Chartreux a toujours
refusé des sujets tels que ceux dont il s'agit :
la religion, la charité, la raison le voulaient
et l'exigeaient impérieusement. Au surplus,
et ceci est encore plus décisif, les Chartreux
ne reçoivent pour l'ordinaire que des jeunes
gens, et il n'est guère possible, moralement
parlant, de se trouver à leur âge, au sortir
des colléges ou des séminaires, réduits à cette
situation désespérante. On ne les admet toutefois que lorsqu'on aperçoit des marques de
vocation, et qu'ils sont munis de témoignages
les plus honorables sous tous les rapports. Ce
n'est pas tout encore, il faut la majorité des
suffrages de la Communauté réunie pour qu'on
leur donne l'habit, et à dater de cette époque,
avant de former aucun engagement, une année entière est employée à mieux sonder les
dispositions du novice.

Les bornes de cet ouvrage ne nous permettent pas de plus longues réflexions sur ce que
peuvent désirer quelques personnes au sujet
des observances religieuses : dans ces cas particuliers, on peut recourir aux Supérieurs de
ces Communautés ou à ceux qui les connaissent parfaitement. Ce que nous avons dit suffit

10

pour faire comprendre que la Règle que nous suivons, la même pour le fond que suivaient, il y a plus de 700 ans, les Disciples de Saint Bruno, n'a rien de trop austère, ni de trop relâché.

Le Supérieur est élu à la majorité des suffrages ; son gouvernement est tout paternel, et on ne lui accorde sa démission que lorsqu'il a d'excellents motifs pour la demander.

Le simple religieux se plaît dans sa Retraite, parce qu'il l'a embrassée par goût, par choix, par vocation. Il en a d'abord fait l'essai pendant la postulation et le noviciat ; il s'y est ensuite affectionné. Elle ne le rend point sauvage, et MM. les Etrangers en font souvent l'expérience. S'il se lève chaque nuit pour chanter les louanges de son Dieu, il a néanmoins, soit avant, soit après, tout le temps nécessaire pour le repos que réclame la nature. S'il couche sur la paille, s'il fait maigre toute la vie, s'il jeûne une grande partie de l'année, s'il se contente d'herbages, de légumes, de racines, de laitage et d'œufs, auxquels on ajoute de temps à autre l'usage du poisson, c'est qu'il a l'expérience de ce que sa santé peut lui permettre comme à tant d'au-

tres qui suivent le même régime. Survient-il
quelque maladie, on le soigne dans sa cellule,
et on ne lui refuse aucun des adoucissements
qui peuvent s'accorder avec la Règle ; et s'il
a quelque chose à regretter, c'est plutôt, di-
sons-le, de faire si peu de sacrifices pour
mieux s'assurer la possession d'un Dieu et
d'une éternité de bonheur, après quelques
jours de deuil et de larmes adoucies par toutes
les consolations de la piété et les solides joies
de la bonne conscience.

Les vœux ou engagements qu'a contractés
le fidèle Disciple de Saint Bruno ne lui sont
donc pas trop onéreux, soit que la divine Providence l'ait placé parmi les religieux de
chœur, comme prêtre ou destiné à le devenir ;
soit qu'il appartienne à cette seconde classe
que nous nommons frères convers ; soit enfin
qu'il appartienne à celle des Frères donnés qui,
partageant les mêmes avantages spirituels,
s'emploient, selon leur vocation, au service
de la Maison, dans l'intérieur et au dehors.
Tous participent, à leur manière, au bonheur
de cette vie de famille, vie de paix et de charité. S'ils portent des habits différents, c'est
afin qu'on puisse les distinguer ; mais en re-

tranchant ce qui serait contre la pauvreté religieuse, on accorde à tous ce qui est nécessaire. Un des Religieux de chœur, sous le
nom de *Procureur*, est chargé de veiller à ce
que tous soient pourvus de ce qui est l'objet
des besoins de chaque individu. S'il négligeait
ses fonctions, le Supérieur qui l'a choisi et
qui nomme pareillement tous les officiers de
la maison, le remplacerait bientôt par un autre. Le Supérieur lui-même ne fait rien d'im-
portant sans le conseil de ceux qui, à raison
de leurs charges et de leur expérience, sont
plus capables de donner un avis salutaire; et
afin que leurs relations au dehors ne troublent
pas ce religieux silence qui est le charme du
vrai solitaire, tous ces officiers sont placés hors
du cloître.

Il sera facile de découvrir maintenant, à
l'aide de notre petit travail, ce qu'il y a de
vrai, de faux ou d'exagéré dans les relations
et ouvrages qui parlent de la Grande-Chartreuse ou du genre de vie des solitaires qui
l'habitent. Ceux de nos jours s'efforcent de
marcher sur les traces des Religieux qui ont
précédé; et l'histoire des temps plus reculés
nous apprend que jamais, par une protection

particulière du ciel, les divers établissements des Chartreux ne s'écartèrent de la régularité et de l'accomplissement de ces devoirs que l'autorité spirituelle et l'autorité civile imposent à ceux qui sont membres de la société, et qui doivent tous, chacun à sa manière, contribuer au bien de ceux qui la composent.

Terminons ces détails de famille par les paroles d'un écrivain bien connu, et qu'on ne soupçonnera pas de partialité en faveur des Ordres religieux : « Les Chartreux, dit Vol-
» taire, consacrent entièrement leur temps
» au jeûne, au silence, à la solitude et à la
» prière; parfaitement tranquilles au milieu
» d'un monde tumultueux dont le bruit par-
» vient rarement jusqu'à leurs oreilles, ils ne
» connaissent leurs souverains respectifs que
» par les prières dans lesquelles leurs noms
» sont insérés...... »

MINÉRALOGIE ET BOTANIQUE.

(*Nota.* Tous les savants s'accordent à dire que le Désert et les montagnes de la Grande-Chartreuse of-

frent un champ vaste et des plus intéressants aux amateurs de minéralogie et de botanique ; et cela seul eût
été un motif bien suffisant pour nous engager à quelques recherches dans le dessein de nous rendre utiles
et agréables à nos lecteurs. Mais notre tâche serait
trop agrandie et conduirait notre ouvrage bien au
delà des limites que nous avons dû lui prescrire. Un
nouveau travail viendra bientôt, nous l'espérons, satisfaire l'attente générale ; cependant, pour ne pas frustrer dès à présent nos lecteurs des avantages que leur
voyage au Désert peut leur procurer sous ce rapport ,
si leur position et leur attrait les engagent dans ces
précieuses études , nous les inviterons à se procurer,
pour la *Minéralogie*, les mémoires de M. Guettaud;
ils trouveront , surtout au tome 2, page 223, de quoi
s'éclairer dans les recherches qu'ils voudraient entreprendre. Pour la *Botanique*, on peut consulter l'histoire des plantes du Dauphiné , par Villars, 3 vol.
in-8°, page 280 du tome 1er.... Ces deux auteurs
entrent, chacun dans sa partie, dans tous les détails
qu'on peut désirer.)

A. M. D. G.

TABLE DES MATIÈRES.

✥❀✥

FIN

GRENOBLE, IMPRIMERIE DE C.-P. BARATIER.

www.ingramcontent.com/pod-product-compliance
Lightning Source LLC
Chambersburg PA
CBHW052102090426

42739CB00010B/2288